男子校の性教育 2.0

おおたとしまさ
教育ジャーナリスト

817
中公新書ラクレ

はじめに

男女差別的な世の中の空気をつくり出す諸悪の根源のようにいわれることすらある男子校。いまでは全国の高校のなかで約2％しか存在しません。もはや絶滅危惧種です。

圧倒的な進学実績を誇る名門校が多い一方で、男子校を出たばかりの学生たちには、女性との距離感がうまくつかめず危なっかしいところがあります。それが男子校のアキレス腱であることは明白です。

そこで今回、全国すべての男子校に性教育やジェンダー教育に関するアンケート取材を行いました。戸籍上の男子しかいない制約のなかで、むしろそれを生かして、各校が工夫を凝らした教育を行っていることがわかりました。

特徴的な取り組みについては現場に赴きました。コンドームの達人による講演会から、教科教育の枠組みでも行われるもの、女子大生や女子高生との共同企画までをレポートします。

本書を読むことで、一般にはあまり覗く機会のない男子校のライブな雰囲気を味わいながら、いまどきの性教育やジェンダー教育の知識が得られます。性的同意や性的多様性についても、男子校生とともに学べます。

男女格差が大きい性教育後進国にあって、男子校もなかなかやるじゃないか、これならば男女平等社会が実現する日も近い！と期待が高まるはずです。一方で、すでに全国の9割以上の高校が共学なのになぜこの国はこんなにも男女不平等なのだろう？　男子校をなくせばましになるのか？　……と疑問にも思うはず。

男子校のアキレス腱は、実はそのまま社会のアキレス腱にもなっているのです。そのせいで、男女格差が大きいだけでなく、少子化が止まらないのです。

本書を読み進めるうちに、男女差別、中学受験ブーム、東大男女比率、急激な少子化……すべてが男子校という一本の糸でつながっていきます。最終章では、この社会のゆがみの根本的解決法を、男子校×性教育という視点から探ります。

これからの時代に本当に大切なのは、プログラミングでも英会話でもなく、性とジェンダーに本気で向き合うために進化した性教育すなわち「性教育Ｖｅｒ．２・０」です。

目次

第5章　世間の反応に見えるバイアス——159

イラスト／つかもとかずき
写真／著者撮影
本文ＤＴＰ／今井明子

男子校の性教育2.0

第1章　男子校のアキレス腱

男子校は諸悪の根源？

どの程度男女平等な社会であるかを表すジェンダー・ギャップ指数で、2023年、日本は146カ国中125位でした。健康と教育の分野では世界トップクラスで男女平等を成し遂げているものの、経済と政治の分野で著しく不平等な状況が続いています。

2018年には、一部の大学の医学部入試において、女性に不利な合否判定が長年にわたって意図的に行われていたことが明るみに出ました。

また、アメリカの大物映画プロデューサーによる性加害が多数報告されたことをきっかけに世界で#MeToo旋風が巻き起こる直前の日本では、エリート男子学生らによる集団レイプ事件が相次いで報道されていました。

なかでも、日本の政治・経済を牛耳る人材を多数輩出する東大で起きた事件は社会的インパクトが大きく、小説の題材にもなります。事件が起きる直前には、東大の一部のテニスサークルが東大在籍の女子の入会を排除し、東大男子と女子大女子で構成されている実態が批判の的になっていました。

2019年の東大入学式の祝辞では、これらのことが網羅的に直接的に批判的に言及され、メディアでも大きな話題となります。メディアでは、祝辞そのものだけでなく、それに反発する男子入学生の声も取り上げられ、さらなる批判を招いていました。

そんな気運のなか、寒い日にシチューをつくって待っていてくれるカノジョの存在と男性の結婚願望を結びつけるような言説が、圧倒的な東大合格者数で知られる男子校の校長の考えとしてウェブメディアに掲載され、猛烈なバッシングを受けます。

現在、東大合格者数ランキング上位は男子校で占められており、そのことにも注目が集まります。男子中高一貫校出身者たちが東大の中で幅をきかせ、いわゆるホモソーシャル（女性や同性愛を蔑視することで維持される、男性同士の癒着的人間関係。ホモソと略される）な空気を形成し、人目をはばからずに性差別的、セクハラ的な発言で盛り上がっているという証言が、女子学生からも大学教員からも聞かれるようになります。

男女不平等・性犯罪・東大・男子校が象徴的に一本の線でつながり、男子校という存在そのものにも批判的な風潮が強まりました。

あえて出典は明らかにしませんが、メディアには次のような言説があふれます。

「諸悪の根源だと思うので。やっぱり男子校はないほうがいいかなって気はします。よっぽどそこでジェンダー教育をちゃんとやらない限り」（2019年）

「彼ら（東大生）の多くは中高一貫私立男子校出身者。（中略）女に対する妄想と偏見をいっぱい溜め込んでる」（2020年）

「毎年東大に大量に卒業生を送り込む高校は、多くが男子校だ。（中略）男女の機会の格差は明らかだ」（2021年）

「男子校での男尊女卑の教育がレイプ文化を助長!?」（2021年）

「男子校の男子は保守的。自分の将来は父のようになれると考え、母のように自分に尽くしてくれる女性をゲットできると根拠もなく信じています」（2021年）

「『性的なジョークや話題は、人間関係を円滑にする』と思う人の割合は出身者別に見ると、他の属性に比べて、女子校出身者で少なく、男子校出身者で多い」（2022年）

「マウンティングやエロや競争など『有毒な男性性』が、男子校内でむせかえるほど醸成されていないか。（中略）『シチューを作って家で待っていてくれる彼女を作れ』など、教員もそうした学校文化を助長していないか」（2023年）

全国すべての男子校にアンケート

当事者の危機感も膨らみます。

「東大や医学部でのレイプ事件も大きく報道されましたよね。やっぱり性やジェンダーに関する教育が必要だなと強く思いました」

「生徒たちの、女性に対する偶像化がすごいなと思っています。男子校における性教育とかってものすごく大事なんじゃないかと思います」

「男子校で教員をやっているうえでのもやもやはあって、コンドームやピルについての知識をなんで学校で教えないんだろうと思っていました」

「現在は性やジェンダーの教育に取り組んでいますが、男性の教員たちが男性社会のなかで考えているので、男性の独りよがりになっていないかという懸念は払拭しきれません」

いずれも男子校に勤務する教員から直接聞いた意見です。さらに、性的多様性の観点で男子校には問題があると指摘する声も聞きました。

「昨年まで、内科検診で、上半身裸で全員並ばせていました。男子校の男子だから平気でしょって。でもたとえば病院で、男性だからって、パーテーションを開けっぱなしで診察ってしないじゃないですか」

　生徒も自分たちの無知や経験不足を自覚しています。

「うちの学校で性のこととか恋愛のこととかが話題になるのは、ほんとに機会が少ない」

ただしその視点だけでは不足です。教員が呼びかけます。

「異性というのはカノジョや結婚相手だけじゃない。仕事などで協力する異性のことも考えられるようになってほしい」

校内に女子の集団が存在しないことによって招かれる、男子校特有のこれらの課題を、私はこれまで男子校のアキレス腱と呼んで指摘してきました。

男子校でいち早く性教育の必要性を訴え実行した事例としてはたとえば、東京にある立教池袋の取り組みが有名です（報じられていないだけでほかにも先行事例はたくさんあるのだとは思いますが）。以下、２０２１年12月22日のハフポストの記事を参考にさせてもらって紹介します。

女子については初潮がくる時期に思春期の体の変化について学ぶ機会が設けられるのに対して、男子に対してはそういう機会が少ないことに問題意識をもった養護教員が、実は１９５０年代から同校で性教育が行われていた資料を発見し、まわりの教員を巻き込み、性教育に関するプロジェクトチームを立ち上げます。

性教育を「単に性や性交渉について教えるものではなく、自分を肯定し、相手を肯定しながら人生を歩むためのものである」ととらえて、まずは教員研修を行います。教員の共通理解不足が性教育実施の障害になることもあると聞いていたからです。

助産師に「命と思春期の性」についての講演をしてもらった2011年を皮切りに、毎年新しい企画に挑戦しました。2017年には校内に性教育研究委員会が発足し、中高6年間の切れ目ない性教育を体系化していきました。

他校ではどこまで進んでいるのか。

そこで私は、全国すべての男子校（ごく一部、男子しか在籍していない共学校を含む）に、性教育やジェンダー教育についての取り組みを聞く独自アンケート取材を行いました。全国すべてといっても、100校弱なので、数日あればメールやファックスでの送信が可能です。

国公立の男子校からは1件も返信がありませんでした。43の私立高校から返信がありました。ただしそのうち「お答えできない」が10校ありました。つまり前向きな意味での返信は全体のおよそ3割（巻末「参考文献」参照）。返信があった高校のなかにも、「本校独自の特徴的な取り組みというものはなく、一般的な保健体育や家庭科の内容として取り扱う程度」という回答もありました。

「お答えできない」理由は、主に「デリケートなテーマなので」ということでした。性やジェンダーがデリケートなのは当たり前じゃないかと思いましたが、少し考えて、もっと政治的な意味だと気づきました。そもそも日本の学習指導要領には、義務教育段階まで「性交」について教えてはいけないと読める規定があり、それを逸脱した性教育を行った学校に熾烈な批判が浴びせられることもあるのです。

回答のなかから特徴的な取り組みについては現場取材しました。場合によっては同じ学校になんども足を運びました。第2章以降で具体的に紹介していきたいと思います。

埼玉県で一律共学化の勧告

男子校に対する批判的な風潮が強まるなか、2022年4月12日、埼玉県男女共同参画苦情処理委員に対して「埼玉県立の男子高校が女子が女子であることを理由に入学を拒んでいる事。女子の入学は当然認めるべきだ。女子差別撤廃条約に違反している事態は是正されるべきだ」という趣旨の申出がありました。

それを受けて調査を開始した委員は、2023年8月30日、埼玉県教育委員会教育長宛に、「男女別学であることだけでは条約違反とはされていないものの、埼玉県立高校において、共学化が早期に実現されるべきである」との主旨の勧告を提出しました。

ちなみに、埼玉県でこのような勧告が出されるのは初めてではありません。前回は200

2年のことでした。このときは2年あまりにわたる論争の末、「当面は現状維持」の方針が決定しました。また、2024年4月現在、公立の男女別学校があるのは、全国でも8県に限られ、特に埼玉県12校、群馬県12校、栃木県8校と北関東に集中しています。

この件についてはは私もたくさんのメディアから取材を受けました。一律に共学化すべきかどうかを検討するに際して重要と思われる観点と論点を整理する意味では取材に協力しますが、いずれかの立場を擁護しているように見える書き方はやめてほしいと約束して取材には応じていました。それでも上がってきた原稿を見ると、私が語った「男子校のメリット」のような部分だけが使用され、この件に関してまるで私が男子校を擁護しているかのように見える書き方をされていたので、掲載をお断りしたこともありました。

この問題は二項対立的にとらえられがちなのですが、男女平等のために一律共学化を求める声に対して、別学校のメリットや、ましてやそれこそジェンダー・バイアスにまみれているかもしれない伝統や校風を盾に反論するのでは話がかみ合いません。

今回の埼玉県に限らず、男女別学校の存在可否を問う際に欠かせないと私が考える観点は次の3つです。

（1）学校単体で必ず機会の平等が保たれているべきなのか、複数の学校を1つのシステムととらえて全体として機会の平等が保たれていればいいのか。
（2）ジェンダーの観点だけで決めていいのか、思春期における男女の発達の違いへの考慮は必要ないのか。
（3）男女のコミュニケーションについて教えるのは学校の責任なのか、それとも社会全体として担うべき責任なのか。

オルタナティブ教育としての男子校

これら3つの観点は、議論の前提の確認です。
（1）学校単体で平等であるべきか、について。
男子校にせよ女子校にせよ、生まれたときに割り当てられた性別によって入学を拒絶するのはそこだけ見れば明らかに差別です。しかし埼玉県立のすべての学校を1つの教育システムだととらえ、全体として同質の教育を受ける機会の平等が保たれているのならいいという考え方もできるわけです。

たとえばオランダでは、日本の学校と同じようないわゆる一般的な学校のほかに、モンテッソーリ教育やイエナプラン教育などのいわゆるオルタナティブ（直訳では「代替的な」という意味）教育を行う学校も地域に設け、市民がどちらかを選べるようにしなければいけないという決まりがあります。教育の多様性に配慮しつつ、複数の学校を１つのシステムとしてとらえる発想です。

男子校・女子校も、ある意味でのオルタナティブ教育であるとするならば、大きな教育システムの中に多様性をもたらす存在として認められてもいいはずです。

実際、同じ教育理念をもちながら、男子部と女子部にわかれて教育を行う私立学校はたくさんあります。戸籍上の性別によって教室や校舎は割り振られますし、カリキュラムの違いもあるにはありますが、大きな教育方針や理念は同じです。それであれば、性別に関係なく同質の教育を受ける権利が担保されているととらえることも可能ではないでしょうか。同様の考え方を、公立の教育委員会単位でも採用することはできるはずです。

学校単体で考えるのか、複数の学校を１つのシステムとしてとらえるのか。どちらの立場に立つのかによって教育行政が向かうべき方向性は大きく変わります。

選択肢の多様性が大事だというのならあらゆる学力層に共学か別学かの選択肢があるべきという意見があるかもしれません。現状は、学力トップ層しか別学を選べないじゃないかと。

まったくそのとおりだと思います。トップ進学校以外の、人気の落ちてきた別学校を統廃合という形で単純に共学化してしまった結果がいまの状況なのです。

トップ進学校が男女別学校ばかりであるのは埼玉県の公立高校に限った話ではありません。たとえば東京でなぜ最難関大学の進学実績が私立男子中高一貫校に圧倒的に偏っているのかについては、この章でのちほど説明します。

男子へのアファーマティブ・アクション

（2）ジェンダーの観点だけでいいのか、について。

男女共同参画社会の実現が学校教育の目的の1つであることは間違いありません。一方で、それぞれの子どもが心理的安全を確保され、のびのびと、その子らしく学べることを保障するのも学校運営の重要な観点です。

たとえば、生徒会長は男性であるべきとか、女子は数学や物理が苦手であるというレッテル貼りのようなジェンダー・バイアスの悪影響を受けないために、男子グループがいない環境で教育を行う女子校には、男女共同参画社会の実現という文脈でも前向きな意味があると理解されやすい。

今回の埼玉県の勧告書の中にも、「女子校においては、アファーマティブアクションの観点からも、積極的に設置がなされる許容性も認められないわけではない」との記述がありました。ジェンダーの観点で不利を被りやすい女子に関しては保護施策として女子校が認められてもいいが、そもそもジェンダー的に有利な立場にいる男子にはその必要はないはずだというロジックです。

一方で、思春期における男女の発達段階の違いを考慮すると、この時期、男子は女子より心身ともに発達が1年から1年半遅れる傾向があるといわれています。つまり共学校の環境では、多くの男子からしてみれば、常に同い年のお姉さんたちに囲まれている状況に等しいわけです。劣等感を覚えてしまったり、萎縮してしまったりする可能性があります。

ジェンダー……つまり社会的な意味での性において女子校にアファーマティブ・アクションの側面があるとするならば、セックス……つまり生物学的な意味での性においては男子校にもアファーマティブ・アクションの側面があるかもしれません。

そうだとするなら、ジェンダーの観点で好ましい環境づくりを優先する立場をとるのか、それぞれの子どもにとって学びやすい環境づくりを優先する立場をとるのか、それによっても、あるべき学校の姿は変わってきます。

さらに、さきほど「ジェンダー的に有利な立場にいる男子にはその必要はないはず」というロジックを記述しましたが、そこに疑問符を挟んでおくことも重要だと思います。日本のジェンダー・ギャップの大きさは、主に政治分野と経済分野によるものだと、この章の冒頭で説明しました。女性でもそういった分野に参画できるようにしていくことが、男女平等社会への道です。一方で、経済的文脈で「男だったら一家の大黒柱であるべきだ」とか政治的文脈で「男にはリーダーシップが必要だ」というようなジェンダー・バイアスから男子を守る必要はないのでしょうか。

女子校が女子に「女性だってもっと社会のなかでの立場向上を目指していい」というメッセージを発することに意味があるのなら、男子校が男子に「競争に勝ち続けてバリバリ稼いでぐいぐい引っ張るばかりが男性ではない」というメッセージを積極的に発してもいいはずです。それだってジェンダーという観点からの、男子へのアファーマティブ・アクションだといえますし、実際に男子校の教員たちはそういうメッセージを生徒たちに向けていま盛んに発しています。詳しくは第3章で紹介します。

これこそが、戦後に共学化が進むなかで見落とされていた観点であり、それゆえに、すでに約92％の高校が共学であるにもかかわらずいつまでたっても男女平等な社会からはほど遠く、少子化が急激に進む状況を招いているのではないかという話を第6章で展開します。

社会として学校に求める機能

（３）男女のコミュニケーションについて教えるのは学校の責任なのか、について。

たとえば、地域社会の子ども会のようなところで、市民教育の一環として男女共同のプロジェクトに取り組む機会をつくることはできるでしょう。自分が気になる社会課題活動に加わって、そこで異性との協働を経験することも可能でしょう。部活や塾や習い事がそういう場の代わりを果たしてくれるかもしれません。

男子校と女子校が定期的に交流して共学体験するという方法も考えられます。そのような実践については第４章で紹介します。

それでも異性との関わりは必ず学校の中での日常をとおして学ぶべきだという立場をとるのかどうか。地域社会が十分に機能しなくなったといわれて久しいですし、大切なことは何でも学校で教えなければいけないと思われがちな昨今ではありますが、社会として、学校にどこまでの機能を求めるか？という問いでもあります。

男女平等社会の実現という意味では、男女をただ同じ教室に押し込むだけで性教育もジェンダー教育もまったくしない共学校よりは、性教育やジェンダー教育をしっかりする男子校や女子校で学んだほうがよほどましなのではないかという気もします。その思考実験の材料になれば……というのが本書の狙いでもあります。

そうはいっても、多感な時期を男子だけですごすと人間がゆがむのではないかという漠然とした心配が社会一般にあります。その心配を裏付けているとされる有名な調査結果に重大なカラクリがあることは、第5章で説明します。

誰かのなんらかの権利を侵害しているか？

実際には右記3点のいずれについても、どちらの立場を選ぶかという社会的合意をつくるのは極めて難しいのではないかと思います。それでも、これだけの観点があり、どの立場を選ぶかによって〝正しさ〟が変わることを共有できれば、単純な二項対立図式を脱却して少しずつかみ合った議論が可能になるはずです。

そのうえで、男女別学校の存在可否を論じるなら究極的には、男女別学の存在が誰かのなんらかの権利を侵害しているか、という論点に焦点を絞るべきだと思います。男子だけ女子だけで学びたいとすることが誰かのなんらかの権利を奪っているか、と換言できます。

これについては、「浦高（浦和高校）に入りたいのに入れない女子がいる」「浦和一女（浦和第一女子高校）に入りたいのに入れない男子がいる」という応答が考えられます。

では、浦高に入りたい理由は何か？　浦和一女に入りたい理由は何か？　その目的はほかの選択肢では達成できないのか？　その目的を達成するために、男子だけ、女子だけで学びたいとするひとたちの権利を奪う正当性はあるのか？　――を考えてみるべきだと思います。

私自身も似たような議論をしたことがあります。誰もが羨む最難関女子校の合格を手にしながら、第一志望だった女子御三家には不合格になってしまった娘さんの中学受験に悔しさを拭えていない母親から、「うちの子は医学部に行きたいのに、なぜ灘を受けることすらできないのか。入試科目に社会科がない灘なら受かったかもしれないのに、女性差別ではないか」と訴えられたことがあります。社会科が苦手科目だったそうです。兵庫にある灘は、東大や医学部への進学実績で全国トップクラスです。

この訴えに対して、私は主旨としてこう答えました。

「灘に通うから東大や医学部に合格しやすくなるのではなくて、そういう大学に進むポテンシャルが高い子が、灘のような学校には多く集まっているだけです。娘さんが進学する学校からも医学部にはたくさん進学していますよね。娘さんも、その学校で頑張れば、医学部に行くという目的は叶うはずです。逆に、男子校であることを差別だと思うなら、なぜそんな差別的な学校に娘さんを入れたいと思うのですか？」

実際には、悔しい気持ちをくみ取りながら、一つ一つ説明しました。その母親も、「そう言われてみれば、そうですね」と少し気持ちが収まった様子でした。

それでも「でも、中学受験の偏差値一覧の上のほうにあるのは男子校ばかりだし、大学進学実績がいい学校は男子校ばかりで、女子には選択肢が少なくて不利だと思う」と、母親はまだ少し納得がいっていない様子でした。これも非常にポピュラーな意見です。納得してもらうための説明には、そのあと少し時間がかかりました。

要するに、最難関大学へと続く道は男子に多くて女子に少ないという訴えです。構造的な男女差別だというロジックです。先に紹介した「毎年東大に大量に卒業生を送り込む高校は、多くが男子校だ。（中略）男女の機会の格差は明らかだ」という批判も同様です。同じ記事には「女子はそもそも東大に進学しやすい高校から締め出されている」ともあります。

これは、男子校が男子校であること自体に対する男子校批判ではなく、男子校が誰もが羨む超進学校であることに対する男子校批判です。進学校ではない男子校に対しては生じない批判です。そしてこれらの批判には多分に誤解が含まれています。

図１　全国の高校に占める男子校の割合

	国立	公立	私立	計	割合
計	15	3455	1321	4791	100%
男女ともにいる学校	13	3404	991	4408	92.0%
男のみの学校	**1**	**15**	**83**	**99**	**2.1%**
女のみの学校	1	30	238	269	5.6%
生徒のいない学校	—	6	9	15	0.3%

※現実に在学している生徒の状況により分類して集計されたもの。
※出典　文部科学省2023年度学校基本調査

誤解をひもとくには、偏差値一覧のつくられ方や、大学合格実績をめぐる学校間の攻防など、いわば受験業界の力学について順を追って説明する必要があります。ついでにいうならば、その力学が理解されていないために昨今の中学受験の過熱が起きている側面もあります。性教育やジェンダー教育の具体的な話をする前に、少しだけそこも整理しておきましょう。

そもそも東大が〝ほぼ男子校〟だった

２０２４年の高校別東大合格者数ランキングを見ると、トップ４まではすべて男子校です。トップ20までを見ても、12校が男子校、共学校が７校、女子校が１校です。

全国の高校のなかで男子校の割合は約２％です（図１）。女子校は約６％。約92％は共学校です。それなのに東大ランキングの上位を男子校が占めるのはバランス的に不自然です。でも、男子校の中だけで門外不出の東大攻略法が伝授されているとか、男子校だから頭が良くなるとか、そういうことではなくて、実は歴史的カラクリの力が大きいのです。

前提として、東大の女子比率は低い。現在でもやっと2割です。いわゆるジェンダー・バイアスによって、単純にいえば「女が東大に入ってしまうと結婚できなくなる」などという理屈で、女性が東大などの最難関大学に入ることを回避させようとする社会的な圧力がいまだにあります。それこそ性差別的です。

だから長い歴史のなかでずっと、東大合格トップ10に女子校が入ったこと自体がありませんでした。初登場が1994年の桜蔭です。

では、それまでずっと男子校の独占だったかというと、それもまったく違います。

1960年代までランキング上位は、都立の日比谷、西、戸山、新宿、小石川など、公立共学校が寡占していました。1964年の日比谷の東大合格者数は193人です。現在の開成以上の存在感です。トップ10に入る男子校はほんの数校。20位まで見ても公立共学校が圧倒的に優位でした。

ただし当時から、合格者は男子に大きく偏っていました。つまり、実質的に東大そのものがほとんど男子校だったのです。東大の資料によると、女子入学生の比率は１９４６年で２・１％、１９７７年で５・６％、１９８７年で10・６％、２０００年以降は18～20％のあいだでほぼ足踏み状態が続いています。

都立凋落で私立が得た漁夫の利

高校別東大合格者数ランキングに大きな異変が起こったのは、１９６８年のことでした。史上初めて、都立日比谷が首位から陥落したのです。その後、一度も首位には返り咲いていません。理由は明白です。

１９６７年、東京都は都立高校入試に「学校群制度」を導入しました。複数の学校からなる「学校群」を選んで受験させるしくみです。学校群として合格・不合格を出しますが、そのなかのどの学校に通うことになるかはいわゆるガチャです。

つまり、受験生の意思では志望校を選べないようにしたわけです。日比谷は三田と九段と3校で「11群」という学校群に組み込まれました。11群の入試に合格しても日比谷に入れる確率は3分の1です。都の教育行政によるいわば「日比谷潰し」でした。出る杭が打たれたわけです。

当時の都の教育委員会の狙いは、一部の都立高校に集中していた学力上位層を他校にも分散させることでした。しかしこの制度を嫌った受験生やその親たちは想定外の動きを見せます。都立高校受験自体を回避するようになったのです。

都立高校の人気が急落します。かつてであれば都立上位校に進学していたであろう学力上位層が、私立・国立の高校に流れます。高校受験で私立・国立トップ校を目指すだけでなく、中学受験で私立中高一貫校に入るという大きな流れもできました。それにともない、東大合格者数ランキング上位から都立高校がごっそり抜け落ちます。

学校群制度という嵐が都立進学校を壊滅させていったあとの荒野に残っていたのが、私立・国立の進学校であり、当時東大に進学する学生のおよそ95％は男子でしたから、必然的に男子校が上位に来たわけです。隕石の衝突によって恐竜が絶滅して、それまで隅っこのほうで暮らしていた哺乳類が栄えた……みたいな話です。

東大は男が行く大学だというイメージが強いうえに都立共学進学校が自滅したため、結果的に男子中高一貫校が浮上したのであって、男子校に入れないと東大に行けないとか、私立・国立のほうが大学受験に有利だとか、ましてや男子のほうが優秀だとかいうのは、まったくの錯覚なのです。

中学受験ブーム第一世代はまだアラフィフ

ことの経緯を知らないひとたちには、しかも全国にたった2％しかない男子校の中を実際に見たことがないひとたちには、その錯覚が、男子校というしくみそのものに対する誇大な幻想をもたらしました。

「女子はそもそも東大に進学しやすい高校から締め出されている」と述べた先の識者は同じ記事で「こうした学校は、たとえば理数系の教育などに特別な強みを持つが、女子はそこから構造的に排除されている」とも発言していましたが、それも妄想です。

たしかにハイレベルな理数教育は行われていますが、それは生徒のレベルに合わせているからです。大学進学実績で一見それよりも劣る学校の理数教育が、それが女子校であれ共学校であれ、トップレベルの超進学校の教育に劣るかというと、そんなことは本質的にはまったくありません。いくつもの学校現場を見てきた私が証言できます。

また、東大合格ランキング上位を男子中高一貫校が寡占するようになったのは1970年代半ばです。当時の学生が現在60代後半。彼らが社会の指導的地位に立つようになったのは、年齢的に考えて早くても2010年代に入ってから。それ以前は公立共学校出身者がエリート層の圧倒的多数を形成していました。現在の男女不平等な社会をつくったのが男子中高一貫校出身者であるかのような言い方は、やや無理があるのではないかと思われます。

さらに、首都圏で中学受験ブームが始まったのが１９８０年代半ば。その結果、私立高校からの進学者数が東大で過半数を形成したのは１９９０年代に入ってからのこと。その世代は現在まだアラフィフです。

高偏差値帯に女子校が少ないわけ

「日比谷潰し」の顚末《てんまつ》からもわかるように、東大に行きそうな生徒を入学の時点でどれだけ集められるかが進学校の進学実績を大きく左右するのであって、それは現在においてもまったく変わっていません。もちろん学校の教員たちは生徒たちの希望進路を叶えるために腐心していますが、各校の大学合格実績をマクロで見てにべもないことをいってしまえば、そういうことなのです。

もともと似たような学力をもつ子どもが入試における僅差な得点の違いでかたや超進学校へ、かたや普通の進学校に進むことになったとしても、大学進学において有利・不利が生じることはほとんどないというデータは海外でも示されています。

つまり、いわゆる〝いい大学〟への進学が目的なのであれば、中学受験で「何が何でも」という勢いでわが子を超進学校に押し込むことにはあまり意味がないのです。

ついでに、「中学受験の偏差値一覧の上のほうにあるのは男子校ばかりだし、大学進学実績がいい学校は男子校ばかりで、女子には選択肢が少なくて不利だ」という先述の意見についても検証しておきましょう。

たしかに偏差値一覧の上のほうには男子校ばかりが並んでいます。でもだからといってそれは、〝いい学校〟に入るチャンスが男子のほうに偏っていることをまったく意味していません。むしろ逆です。それを理解するためにはまず、塾などが発表する偏差値一覧がどのようにつくられているかを知る必要があります。

大規模な模試を行う塾や業者の手元にはその模試を受けた受験生の連絡先と偏差値情報が残ります。入試本番が終わると、各模試業者は受験生たちに入試結果を尋ねる連絡を入れます。模試での偏差値情報と入試結果を照合すると、たとえば「模試で偏差値60をとっていれば、〇〇中学に80%の確率で合格できる」というようなことが統計的にわかります。そうやって、どれくらいの偏差値の受験生がどれくらいの確率で合格できるのかを一校一校はじき出してまとめたものが「結果偏差値一覧」です。

さて、女子校は男子校の約3倍あります。女子校がどんなに〝いい教育〟をしていても、入口の時点で男子校の約3倍の数で学力上位層をシェアしなければならないので、1校あたりに来る学力上位層は分散します。そのぶん、模試業者によってつけられる偏差値が男子校よりも低くなりがちなのは避けられないのです。

大学合格実績も同じです。たとえば東大に行く可能性の高い学力最上位層が男女それぞれに同数程度いたとしても、女子校では分散しますから、1校あたりの合格者数はそのぶん低く出ます。しかも前述のとおり東大に進学する女子の数は男子の4分の1しかいません。だから東大合格者数ランキング上位に食い込む女子校が少ないのです。

逆にいえば、男子校の場合、学校数が少ないがゆえに、それらの学校に学力上位層が殺到し、偏差値を異常なほどに引き上げています。女子に比べて4倍もいる東大合格者を女子校に比べて3分の1しかない男子校で分け合っているから、1校あたりの合格者が多くなっています（便宜上、共学校からの入学者は無視して記述しています）。

カラクリを知れば、それだけのことなのです。

言うまでもなく、偏差値一覧の偏差値はその学校への入りにくさを表しているのであって、教育の良し悪しを表しているわけではありません。自分が行きたいと思っている学校の偏差値が低いことは、本来ラッキーなことです。女子には選択肢が多いがゆえ、〝いい学校〟に入りやすいともいえます。

中学受験も高校受験も男子に厳しい

偏差値だけではありません。首都圏模試センターによれば、2024年度の首都圏の中学入試における、私立・国立中学の総定員を総受験者数で割った総合格率は92・5％。男女別に見ると、男子は83・5％、女子は102・3％。女子はどこかには入れますが、男子については6人に1人がどこにも入れない厳しい状況が続いています。

私立高校受験についても同様です。東京都における全日制私立高校の募集定員枠を見れば、2024年度、私立の男女共学校の募集人員は1万5395人、女子校が3806人、男子校が1432人。共学校を除いて女子校と男子校の定員を比べると、男子の枠は女子の枠の4割弱しかありません。都内の私立高校全体では、男子のほうが狭き門となっているのです。

最難関大学進学者が多い学校は男子校ばかり、偏差値の高い学校は男子校ばかり……という角度から男女の教育機会の不平等を訴えるのは筋違いであることがおわかりいただけたでしょうか。そのような観点で男子校を批判し、なくすことは、出る杭を打つという意味で

「日比谷潰し」と同じです。

なにせ男子校は2％ほどしかないわけですから、男子校出身者なんて絶滅危惧種ですし、世の中の多くのひとが実態を知りません。驚異的な大学進学実績だけを見ていると、人間性を無視した受験勉強の「虎の穴」か何かだと妄想を膨らませてしまう気持ちもわかります。でも、実際はまったくそんなことはないんです。

最近では、ほのぼのとしていてそれでいてどこかズレてる男子校の日常を描いた漫画作品も人気のようです。そういうものを読んでみると、少しは男子校の中の様子が想像できるかもしれません。

男子校、女子校、共学校の空気は明らかに違います。どちらかというと、男子校と共学校よりも、男子校と女子校のほうが、空気としては似ています。たとえてみるならば、男子校や女子校が温泉の男湯と女湯のような空気なのに対して、共学校は水着を着て男女がいっしょに入れるクアハウスのような空気です。それぞれの良さがありますよね。

この章では、いわば男子校の現在地を確認しました。次章では、現在の中学・高校で行われている性教育やジェンダー教育の具体的内容と課題を紹介していきます。

第2章　ニッポンの性教育の現在地

日本にも包括的性教育はあった

この章から、男子校で実際に行われている性教育やジェンダー教育の事例を紹介していきます。事例を紹介していきながら、性教育やジェンダー教育に関する重要語句や基礎知識も押さえていきたいと思います。生徒たちとともに学ぶ気分で読み進めてみてください。まず基本のおさらいから。

「ジェンダー（Gender）」とは、社会的・文化的に構築された性差のことをいいます。ある社会や文化において、人々の内面に刷り込まれた、性別に関する社会規範のようなものです。それに対して「性」は、生物学的な性別や生殖のことを主に意味します。ジェンダーとは対比的な意味で英語にすれば「セックス（Sex）」です。

「ジェンダー教育」では、男女平等、男女同権、男女共同参画のようなニュアンスが強くなります。学校の教科でいえば、家庭科はもちろん、公民の要素も多く含んでいます。

「性教育」というと、どちらかといえば、男女の心身の発達の違い、妊娠、出産、性感染症、避妊、などに焦点が当てられる傾向があります。学校の教科でいえば、主に保健体育の分野ですが、生物の要素も多く含んでいます。

しかしジェンダー教育と性教育の境は曖昧です。性の多様性、幸福な性生活、性的同意、性犯罪抑止などの観点から、むしろ連続しているものとしてとらえるべきだとして生まれたのが「包括的性教育（Comprehensive Sexuality Education）」という概念です。

ユネスコの「国際セクシュアリティ教育ガイダンス」によれば、包括的性教育の目的は、学習者の「ウェルビーイング」の実現です。ウェルビーイングとは、精神的にも肉体的にも社会的にも満たされ、幸せを感じている状態です。

包括的性教育という言葉自体は海外からもたらされたものですが、日本にも似たような教育の歴史があります。

たとえば東京の吉祥女子中学・高等学校では、「性とは生である」という理念にもとづいて、半世紀以上前から独自の性教育に取り組んでいます。社会、理科、家庭科、保健体育の教科を横断してカリキュラムが体系化されています。

「性教育ってハウ・トゥー・セックスみたいに思われがちじゃないですか。でも性について考えるということは、どうやって自分が生きていくかとか、他人をどう大切にしていくかということを考えることです。要するに人権教育です」

2020年の取材時に吉祥女子の教員から聞いた話です。そのまま包括的性教育の理念の端的な説明になっています。

国際セクシュアリティ教育ガイダンスでは、小学校低学年くらいから子どもの発達段階に応じた包括的性教育を始めることを提唱しています。ただし、いきなり性行為について教えるという意味ではありません。「〇〇してはいけません」「〇〇させてはいけません」のようなタブーを教えるのとも違います。主眼は子どもたちが自分の性にまつわる権利について学ぶことにあります。その後、小学校高学年、中学生、高校生の年齢別に、解像度を上げていきながらくり返し学ぶしくみになっています。自分の権利を学ぶことは、他人の権利を尊重することに直結します。

性にまつわる権利については、「性の健康世界学会」の「性の権利宣言」に次のような記述があります。「セクシュアリティ（性）は、生涯を通じて人間であることの中心的側面をなし、セックス（生物学的性）、ジェンダー・アイデンティティ（性自認）とジェンダー・ロール（性役割）、性的指向、エロティシズム、喜び、親密さ、生殖がそこに含まれる。セクシュアリティは、思考、幻想、欲望、信念、態度、価値観、行動、実践、役割、および人間関係を通じて経験され、表現されるものである」。

国際セクシュアリティ教育ガイダンスも性の権利宣言も、インターネットで日本語訳の全文を読むことができます。

灘生が性の多様性を学ぶ

性の権利宣言に出てきた「セクシュアリティ」とは、人生や生活と密接に結びついた性のあり方のことです。「性」とも「ジェンダー」とも関わる概念です。

やや抽象的な説明が続いたので、ここからは兵庫の男子校・灘の生徒たちとともに「セクシュアリティ」について学んでいきましょう。灘の名物授業のひとつ「土曜講座」という総合学習の選択講座で外部講師を招いて行われた、「セクシュアリティ」の授業を実況中継します。

＊＊＊＊＊

講師の土肥いつきさんは、トランスジェンダーの女性です。人間科学の博士号をもち、セクシュアルマイノリティ教職員ネットワーク副代表であり、福祉や人権にまつわるＮＰＯにも複数関わっています。

自由な高校生活を謳歌し、大学では学生運動に加わり、教員になりました。そこでMさんという生徒と出会います。Mさんは被差別部落出身でした。

言いづらいことではあるけれど、それを抜きには自分の話ができない……。約1年半の逡巡ののち、Mさんはとうとうクラスメイトたちに自分の出自を打ち明けます。それを聞いたクラスメイトたちは、通り一遍に「部落差別がなくなればいい」と言うのでなく、それぞれの「言えなかったこと」を語り出しました。

教員としてずっとMさんの気持ちに寄り添った土肥さんでしたが、実は土肥さん自身にも、ずっと誰にも言えない秘密がありました。

「幼いころから女のひとの服が着たかった。自分でも『女装かぁ』と思ってましたけど、着たいものは着たい。自分でスカートやレオタードをつくりました。女のひとの体にも興味がありました。おっぱいがほしかったんです。でも、親にもきょうだいにも友達にも先生にも近所のひとにも言えない。つまり、世界の誰にも言えない。隠そうと決めました」

心の中に箱を用意して、そこに言えないことをぜんぶ詰め込んでふたをする。隠すことは難しいことではありませんでした。むしろその状態で生きるのが当たり前なので、しんどさはいつしか忘れてしまいました。

でも大人になるにつれてだんだん箱の中身が増えていき、心の中に沈んでいきます。すると一時期、他人の痛みに共感できない冷たい人間になっていたとふりかえります。「自分のことを言えない子に、本音では『なんで言えへんねん』と思ってました。被差別部落とか在日コリアンとかのことはたしかにしんどいだろう。でも人権問題やろと。だけど自分の話は〝変態〟の恥ずかしい話やねん。それに比べたら『なんで言えへんねん』と。たぶん、限界がきてたんだと思います」

そのときに運命の出会いがありました。「トランスジェンダー」という言葉との出会いです。

「ビビビーって感じたんです。自分はトランスジェンダーやと思ったんですね。この言葉との出会いから、自分の思うように生きていこうと、少しずつ思うようになりました」

セクシュアリティの4要素

知識がひとを救うのです。逆にいえば、無知がひとから尊厳を奪うのです。土肥さん自身の経験をもとにその前提を共有してから、いよいよセクシュアリティについての説明が始まります。

図2　全人間の性を考える要素（暫定版）

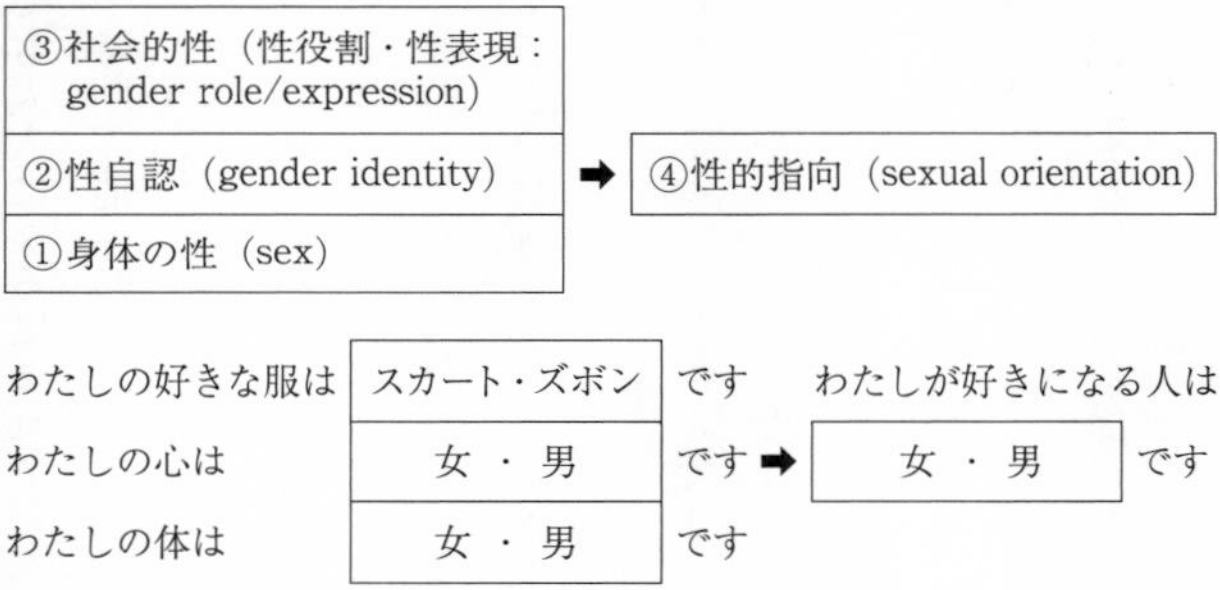

③社会的性（性役割・性表現：gender role/expression）
②性自認（gender identity）
①身体の性（sex）
④性的指向（sexual orientation）
わたしの好きな服は
スカート・ズボン
です
わたしの心は
女・男
です
わたしの体は
女・男
です
わたしが好きになる人は
女・男
です

※土肥いつきさん作成

個人のセクシュアリティを構成する要素として、暫定的に次の４つを挙げます（図2）。

①身体の性（Sex）

②性自認（Gender Identity）

③社会的性（性役割・性表現：Gender Role/Gender Expression）

④性的指向（Sexual Orientation）

「①私の体は〈女 or 男〉です」「②私の心は〈女 or 男〉です」「③私の好きな服は〈スカート or ズボン〉です」「④私が好きになるひとは〈女 or 男〉です」と言い換えると、具体的な意味がイメージしやすいはずです。

①と②が一致しないのが「トランスジェンダー（Transgender）」です。土肥さんは、身体的特徴から、生まれたときには男性を割り当てられましたが、性自認は女性である、トランスジェンダー女性です。身体

の性と性自認が一致している場合には「シスジェンダー（Cisgender）」といいます。トランスジェンダーだからといって、誰もが体を変えたいわけではありません。また、生まれたときに割り当てられた性別とは別に、もともと心の中は男であったり女であったりするので、「元男」「元女」という言い方も不適切です。

④について、女性を性的指向の対象とする女性のことを「レズビアン（Lesbian）」といいます。同じく、男性を性的指向の対象とする男性のことを「ゲイ（Gay）」といいます。男性と女性のどちらも性的指向の対象とするひとのことを「バイセクシュアル（Bisexual）」といいます。

以上の頭文字を組み合わせたものが「ＬＧＢＴ」です。また頭文字ではなく要素を使って「ＳＯＧＩ（ソジやソギと読む）」という言葉も使われるようになりました。「性的指向（Sexual Orientation）」と「性自認（Gender Identity）」の組み合わせです。

「ちょっと待って！　セクシュアリティには４つの要素があるのに、ＳＯＧＩでは２つしか表現できていないじゃん！」ということで、ＳＯＧＩＥやＳＯＧＩＥＳＣやＧＳＲＭ／ＧＳＲＤという呼び方もできました。

ＳＯＧＩＥの「Ｅ」は「表現（Expression）」。服装や髪型、自分をどう呼ぶかなどの性表現のことです。LGBTQの「Q」は「クエスチョニング（自分でもわからない。Questioning）」または「クィア（変わり者。Queer）」を意味します。もともとは侮蔑語だったが、あえて自称することで権利を主張するために用いる表現。

非典型的なセクシュアリティをもつひとの総称は、時代とともに変化して、いまも変化し続けています。かつてはトランスジェンダーに「性同一性障害」という病名をつけていたこともありました。「セクシュアルマイノリティ（性的少数者）」という呼称にはマジョリティーの上から目線を感じるという指摘もあります。

見た目ではわからない

以上をふまえて、土肥さんは「練習問題」を出します。みなさんもイメージを膨らませて、自分で考えながら、答えてみてください。

「問1　①体が男で、②心が男で、③好きな服がズボンで、④好きになるひとが女、なら?」。答えは「シスジェンダー男性の異性愛者」です。

「問2　①体が女で、②心が男で、③好きな服がズボンで、④好きなひとが女、なら?」。答えは「トランスジェンダー男性の異性愛者」です。

「問３　①体が男で、②心が女で、③好きな服がズボンで、④好きなひとが女、なら？」。答えは「トランスジェンダー女性の男装のレズビアン」です。

さすがは灘の生徒たち、間髪入れず、さくさく答えていきます。

「問４　①体が女で、②心が男で、③好きな服がスカートで、④好きなひとが男、なら？」。答えは「トランスジェンダー男性の女装のゲイ」です。

男性と女性のカップルに見えたとしても、問３の場合、実際には女性同士として愛し合っていますし、問４の場合、実際には男性同士として愛し合っています。かように、ひとのセクシュアリティは見た目ではわかりません。だから他人のセクシュアリティを勝手に決めちゃダメだよと、土肥さんは念を押します。

しかもセクシュアリティを構成する４つの要素は単純に二分できるものではなく、すべて連続的にグラデーションをなしているとも説明します。

性的指向だけでも、ヘテロセクシュアル（異性愛）、ホモセクシュアル（同性愛）、バイセクシュアル（両性愛）、アセクシュアル（無性愛。他人に恋愛感情や性的欲求を抱かない。エイセクシュアルとも読む）など多様性がある。解剖学的な意味の性別ですら、男性・女性いずれの典型的とされる身体にもあてはまらない「インターセックス」といわれる性的特徴をもつひともいます。

性自認はどうやってたしかめる？

「複雑すぎる？　もっと簡単になりませんか？　すんません。なりません。セクシュアリティはとても複雑でとても多様で、だからとても自由なんですよ。もしも複雑なセクシュアリティを簡単にしてしまうと、この自由さがなくなってしまうんですよ。複雑なものを複雑なままに、いっさい省略せずに、でもわかりやすく伝えるためにどうしたらいいかと考えて出てきたもののひとつがジェンダー・ブレッド・パーソンです」

クリスマスなどにつくられる「ジンジャー・ブレッド・パーソン・クッキー」のパロディーです。生まれたときに割り当てられた性、解剖学的な性、性自認、性表現、性的指向、恋愛の指向がそれぞれにバリエーションやグラデーションをもち、その無数の組み合わせで個人のセクシュアリティが構成されていることを表現しているイラスト（図3）です。このジェンダー・ブレッド・パーソンもたびたび更新されています。セクシュアリティのとらえ方はいまも日進月歩で変わっているということです。〝正解〟はありません。そこに関して生徒から鋭い質問がありました。

図３ ジェンダー・ブレッド・パーソン Ver.4

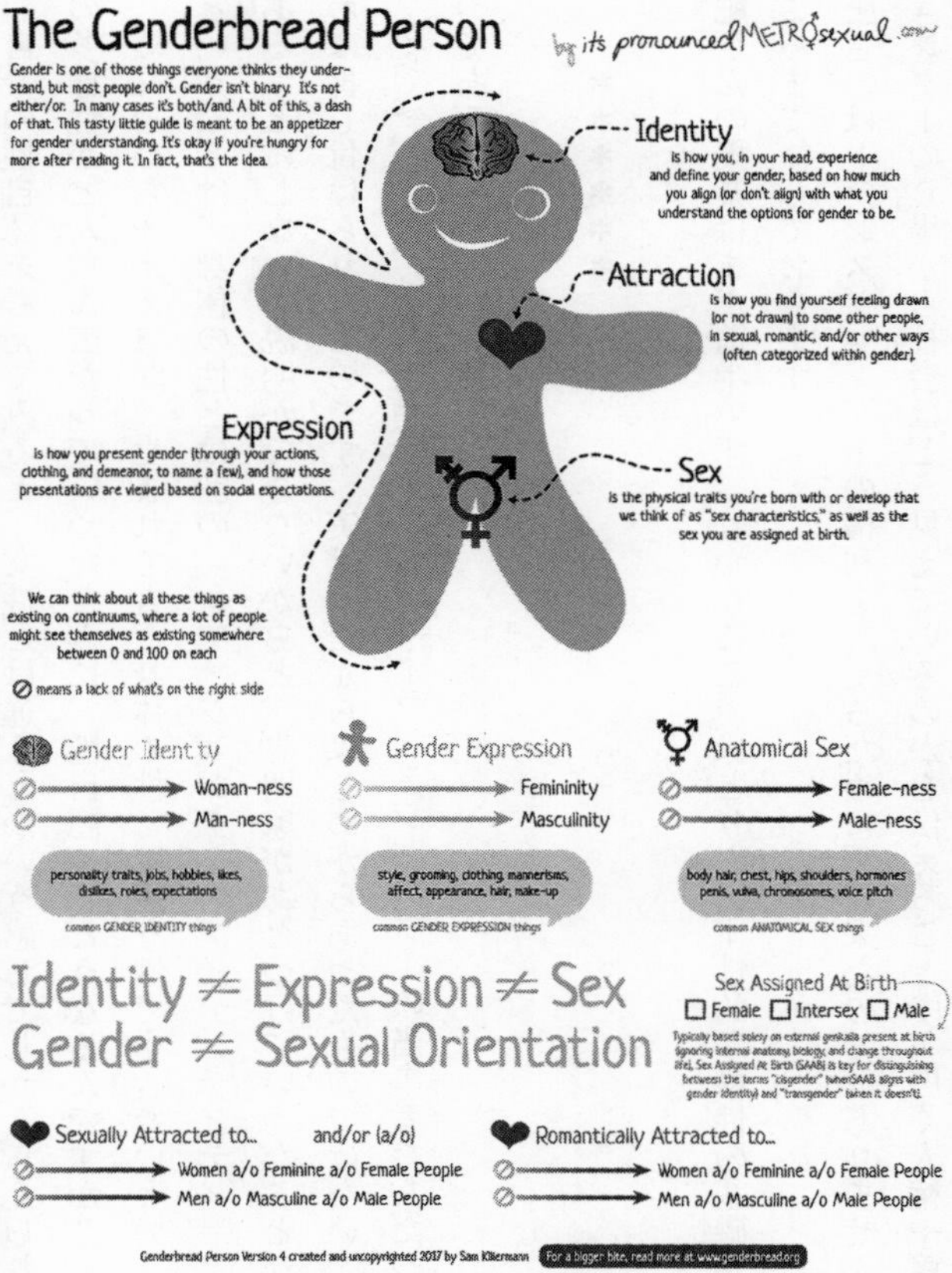

※出典　It's Pronounced Metrosexual by Sam Killermann

生徒　自分の性自認を考えてみると、女性とは違うとかいう感じでしかとらえられません。性の多様性がどんどん広がっていったときに、性自認ってどうなるんですか?

土肥　めちゃめちゃええ質問。生まれてきた身体の性とは違う性で生きたいというひとがいるということは、身体の性とは別の「コア・ジェンダー・アイデンティティ」というものがあることにしないと説明ができないからと、専門家があとづけでいったことなんです。いわば押し付けられたものです、実は。だからはじめからあったものではない。なので、「わからない」というのは当然なんです。トランスジェンダーの当事者たちだって「性自認ってあるの?」という感じ。

＊＊＊＊＊

土肥さんの授業はまだ前半です。しかしここではとりあえず性的多様性の基礎知識を学んだところまでにしておきます。

土肥さんはトランスジェンダーの権利を訴えるために灘に来たのではありません。トランスジェンダーの立場から社会はどう見えているのかを伝えることで、広く人権や尊厳に対する普遍的な感度を磨いてほしいという思いで授業をしています。そこには当然男女差別も含まれます。

続きは第6章でレポートします。後半の授業では、自分が立脚している地盤が大きく揺らぐかのような衝撃を受けるはずです。

ヒトの「性」は「入れ子構造」

生物学的にいえば、無性生殖から有性生殖へと進化したのは、遺伝子の多様性を増すためです。もともと生物には〝メス〟しかいませんでしたが、それでは〝母親〟のクローンのような〝娘〟しか生まれません。〝メス〟の遺伝子を別の〝メス〟の遺伝子に届けて混ぜて、次世代の多様性を増すために生まれたのが〝オス〟という存在です。

月刊「文藝春秋」の2024年3月号で、進化生物学者の長谷川眞理子さんがこのことをわかりやすく説明していました。要約します。

無性生殖生物の「配偶子」が「精子」と「卵子」に分かれたときに初めて「性」が生まれました。栄養が必要な卵子は大きく、機動力が必要な精子は小さく、それぞれ進化しました。これを「分断淘汰（淘汰によって両極端の性質のものだけが残ること）」といいます。分断淘汰によって、配偶子の次元では、性ははっきり2つに分けられたということです。ただし、「個体」が完全にオス（精子をつくることに専念する個体）になるかメス（卵子をつくることに専念する個体）になるのかはまた別の次元での話であり、そこには曖昧さや連続性や中間系があると長谷川さんはいいます。

雌雄同体や性転換する生物がいることは広く知られていることです。性染色体をもつ哺乳類でも、性染色体の有無だけでオスかメスかが完全に決まるわけではありません。よく遺伝子は設計図にたとえられますが、条件次第では、設計図通りに発育するかどうかはわからないのです。何らかの要因でいわゆる男性ホルモンをつくる機能が十分に発動しないと、性染色体構成としてはオスでも体はメスになるといったことが起こります。それは性自認や性的指向にも影響を与えると考えられています。

さらにヒトには「自意識」や「自己認知」の次元が存在します。他人や社会との関係性という「文化」の次元も存在します。

「ヒトの『性』は、このように何層にもわたる『入れ子構造』になっている」と長谷川さんは表現します。「生物学」「自意識」「文化」それぞれの次元でそれぞれに多様性がある「入れ子構造」です。

トランスジェンダーや同性愛のようなセクシュアリティは、本人が選んだものではないというのが記事の結論です。自分が選んだわけではないのに与えられた苦しい状態を解消するのは社会として当然の責任だろうというのです。

聖光学院のライフスキル講座

さてここからは、実際に男子校で行われている包括的性教育の特別講義を紹介していきます。平常の教科学習とは別に、外部講師を招いて行う授業です。

男子校で行われているとはいっても、講師のみなさんは男子校以外でも同様の講演を多数行っている方々です。つまり、これらの講演内容を概観すれば、男子校に限らず、現在の中学・高校においてどんな包括的性教育が行われているかがつかめるはずです。

まず神奈川の聖光学院で行われた「ライフスキル講座」をダイジェストにして実況中継します。講師は「サッコ先生」の愛称でさまざまなメディアを通じて性教育に取り組んでいる産婦人科医の高橋幸子さんです。

包括的性教育の講座として、内容が今日的かつ網羅的だったので、これをひとつのスタンダードとして、読者のみなさんもいっしょに学んでいきましょう。

聖光学院にて産婦人科医による性教育講座

＊＊＊＊＊

1学年の全員がちょうど収まるすり鉢状の小講堂に、高1の生徒全員が集まりました。彼らが学校で「性」について学ぶのは、中1の保健体育以来です。そこへ高橋さんが元気よく登場。

「性教育講座ってちょっと堅苦しい話かなと心配していたひともいるかもしれませんが、ライフスキル講座と言い換えることができます。生きていくうえで知っておいたほうがいい知識とかマナーとかコミュニケーションについてお話ししていきたいと思います」

まず、「性」には3つの側面があることを説明します。「生殖の性」「快楽の性（コミュニケーションの性）」「暴力・搾取の性」です。

続いてスクリーンに「ＳＲＨＲ」と大きく表示されます。「性と生殖に関する健康と権利(Sexual and Reproductive Health and Rights)」の略称です。快楽を得ること、子どもをもつことなど、性や生殖に関わる希望を叶える権利が個人やカップルの本人にあることを意味します。そのためにさまざまな選択にアクセスできる環境を社会として整えていかなければいけないことも含んでいます。

ここまでが導入。そのうえでこの日およそ90分間で触れる内容を大きく分ければ、思春期、交際、妊娠、性感染症の４つです。

中高生が震撼するテクノブレイクとは？

まず、思春期について。

「みなさんの成長には個人差がありますね。体型も、精神も、発達のスピードは一人一人違います。男性ホルモンの分泌が盛んになってきたひとは、いま体の変化の真っ最中ですね。体だけではなく、心にも変化が訪れてきます。異性が気になる。異性とお話ししたい。異性と触れ合いたい。そんな気持ちになるのはとても自然な心の変化。異性じゃなくて、同性が気になるというひとがいてもいいですよね」

そこで、スクリーンには新生児の写真が映されます。手首にブルーのバンドがあることから、生まれた直後に「男の子」と割り当てられたことがわかります。その判断は、外性器が男の子の形をしているにすぎないことを説明します。

「この子の心が男性なのか、女性なのか。男性を好きになるのか、女性を好きになるのか。成長していくなかで、自分自身で気がついていくんですよね」

性的多様性の説明へ。

「LGBTQのひとたちとそうじゃないひとたちというように区別するのではなく、『SOGIE』にステップアップしていきたいと思います」

LGBTQとSOGIEについては前述しているので、ここでは説明を割愛します。

次に、交際について。

「交際の12段階」を紹介します。第1段階が「目と目が合う」、第2段階が「言葉を交わす」、第4段階で「手をつなぐ」、第9段階で「唇が触れる」、第12段階で「性器の挿入をともなう性行為」。行動科学者デズモンド・モリスが唱える「親密さの12段階」をベースにアレンジしています。高橋さんが1段階ずつ読み上げるたびに生徒たちの「おー!」というリアクションが大きくなっていきました。

「カップルのうち、どちらかが9番から12番のお付き合いをしたいと思っていても、相手もそう思っているかわからないよね。どうやったらわかる？　目を見ればわかる？　空気を読む？　ダメだよね。口に出して言葉で聞いてみる。そうしないと相手がどう思っているかはわかりません」

お互いに積極的なYESがなければ次のステップには進めないことを確認します。いわゆる性的同意についての確認です。

「さて、『テクノブレイク』という言葉を聞いたことがありますか？」

どっと笑いが起こります。

「聞いたことあるんだね。私が教える大学の学生さんに『中高生ってマジで信じちゃってるんだよね』と話したら、『嘘なんだ。良かった〜』って心の底からほっとしてました」

セルフプレジャー（自慰、オナニー、マスターベーション）のしすぎで発症し、高確率で死亡する「テクノブレイク」なる病気があるというデマが広まっているのです。

男性も女性も何回やっても構わないと説明したうえで、セルフプレジャーについては2つの注意事項を伝えます。

1つめは、「床オナ（床に性器をこすりつけるオナニー）」など強すぎる刺激に慣れてしまうと、膣内射精障害という病気になる可能性があること。

2つめは、アダルト動画には注意という話。要するに、あれは現実にはありえない妄想をありえないからこそフィクションとして映像化しているものだから、間違ってもまねしようなんて思うな、ということです。

「これからお話しする避妊の話、性感染症の話、自分には一生関係なさそうだし、気持ち悪いし、聞きたくありません、無理!というひともいるかもしれません。そういう場合は、目を閉じて、聞き流してもらってもいいし、退席してもらってもいいです。セルフプレジャーの話だって、苦手なひとがいるかもしれません。男子校だからって、あっけらかんとできる話題ではありません」

講演内容に直接的な性的表現が増えていくことへの注意喚起とともに、男子校という空間でつい鈍麻しがちなデリカシーについても戒めます。実際、この手の講座で気分が悪くなる生徒はどこの学校にも必ずいます。

予期せぬ妊娠の事例から

「私の大学病院に、15歳の女の子が、妊娠36週で初めて受診に来ました。彼女はお母さんになる心の準備ができていませんでした。彼女のご両親もまた、赤ちゃんを迎える心の余裕はありませんでした。赤ちゃんは乳児院というところに預けられることになりました。妊娠40週で、赤ちゃんは元気に産まれました。彼女は、隣のベビー室にいる赤ちゃんをいちども抱っこすることなく、退院していきました。ちょっとでも触ってしまったら、お別れがつらくなってしまうからと言って」

医師として直面したさまざまな実話がふんだんに盛り込まれているのが、高橋さんの講座の特徴です。

「もし彼女が妊娠にもっと早い段階で気づいて、誰かに相談できていたら、違った結末になっていたかもしれません。お母さんになる心の準備ができたかもしれません。ご両親も、かわいい孫を受け入れる心の余裕をもつことができたかもしれません。養子縁組という選択肢があったかもしれません。産まないという選択もあったのかもしれません」

そして妊娠検査薬について説明します。

「性行為があって、次の月経が遅れた場合には試してみてください。妊娠したかもしれない性行為があってから3週間後にはほぼ正確な結果が出ます。陽性の結果が出たら、なるべく早く産婦人科を受診してください。異常な妊娠の場合、命にもかかわります」

この知識はライフスキルであると強調します。

「生理が止まる理由は大きく5つ考えられます。妊娠、急激なダイエット、ホルモン異常、ストレス、運動によるエネルギー不足です。生理が止まったとき、いっしょに検査してみようと言ってもらえることがどれだけ心強いか。覚えておいてほしいと思います」

次に、「性交」の文字と、挿入している男女のイラストがスクリーンに表示されると、生徒たちのざわつきが大きくなります。

「性交には3つの種類があります。膣性交、口腔性交、肛門性交。妊娠の可能性があるのは膣性交です。『性』という字はりっしんべんに生きるという字でできています。つまり、心と心のふれあいのその先に性交という行動を行うよ、そこには妊娠という責任がともなうよ。ここをセットで押さえておきたいと思います」

続いての話題は妊娠のしくみ、そして女性の生理のしくみへ。保健体育の内容のおさらいなのでここでは割愛します。途中、人工授精、顕微授精、体外受精などの生殖補助医療や、胎児の発達や、人工妊娠中絶についても詳しく学びます。

「妊娠がわかったとなったら、悩んでいられる時間は結構短い。だからこそ、性行為をする前に、もし自分たちのあいだに妊娠が起きたらどうするかをちゃんと対等に話し合えていることが重要だなと思います。いまはまだ妊娠は無理というときには、妊娠しない方法が必要ですよね。さきほどのＳＲＨＲの考えにもとづけば、ここでは女性が主語。女性が妊娠したくないときにセックスをするのであれば、必ず避妊がセットです」

コンドームの使用法をイラストで説明します。それでも２〜15％は避妊に失敗します。避妊に失敗したり性暴力にあったりしたときには、72時間以内に「緊急避妊薬（アフターピル）」を服用すれば８割から９割の確率で妊娠を防げることを伝えます。事前に「低用量ピル」を女性が毎日きちんと服用していれば、排卵が止まり、ほぼ確実に避妊できることも教えます。

「コンドームは、僕は君のことを愛しているよ、大切に思っているよということを口に出して言わなくても伝えることができる、とってもいいアイテムなんだってことを覚えておいてください。女子からコンドームつけてなんて言わせないで。自分からつける。これをマナーにしていただきたいと思います。コンドームはお守りです」

途中、避妊しないセックスの強要は不同意性交罪になりえることや、男性であっても性暴力被害を受けたら、「＃８８９１」に電話することで全国どこからでもワンストップ支援センターにつながることも盛り込んでいました。

性感染症を体験する実験

ここで生徒たち約20人と1人の教員を壇上に上げ、ある実験が始まりました。

参加者には透明な液体が入ったプラスチックのカップが渡されます。ペアを組んで、片方が持っているコップに液体をぜんぶ入れて、半分返してもらいます。これを異なる3人の相手とくり返します。

「実は先生のカップの中にだけ、病原体を表す水酸化ナトリウムが入っていました」

生徒たちから笑いと拍手が起こる。

「なので、先生とお水の交換をしたひとは、きっと受け取っていますね。でもにおいを嗅いでも色を見てもわかりません。そこでいまから検査を受けてみたいと思います。フェノールフタレイン液を入れると、何色になる?」

「赤!」

「さすがです!」

先生のカップにフェノールフタレイン液を入れると、もちろん赤くなります。全員のカップでも検査をしてみると、約半数のひとのカップの液体が赤くなりました。

「第１に、病気のもとを誰がもっているかはわかりません。第２に、検査を受けてみないと自分が感染しているかどうかわかりません。どうでした？　どきどきしたよね。その気持ちを覚えておいていただきたいと思います。第３に、カップにふたがあればうつらない。ふたに相当するのがコンドームです。必ずコンドームを！」

性感染症についても、患者さんの実例を織り交ぜながら説明します。それがとてもリアルでショッキングです。

「性行為をして、性器、肛門、口、喉に、痛い、かゆい、しみる、イボイボ、ゴリゴリ、血が出る、膿が出る、変なにおいがするなどの症状が出たら、さっさと病院に行こうね。男性は泌尿器科へ、女性は産婦人科です。性別に関係なく皮膚科でもＯＫです。保健所では無料で匿名で相談できます」

そこでマッチングアプリでカレシができた女性から聞いた話を紹介します。

「そのカレシが、付き合って早々に、いっしょに性感染症検査を受けに行ってくれたんですよ。すごくないですか。お互いに検査を受けてから性行為をするのが当たり前のことになりつつあります。うれしく感じました。性感染症はいけない病気でも恥ずかしい病気でもありません。性行為を選択したひとにとっての単なる生活習慣病だととらえて、予防する、検査する、治療する。新しいパートナーができたら、リセット検査しましょう。こんどのデートは保健所ねって。病院とか保健所とか無理だと思うなら、まだセックスしないという選択もありかもしれませんね」

＊＊＊＊＊

講座終了後、高橋さんに手応えを聞きました。

「期待以上によく聞いてくれて、いいリアクションをしてくれました。男子校のほうがのびのび聞いて、素直なリアクションをしてくれることは間違いないですね。共学校の男子はお互いの顔を見合って下を向いちゃうところがあります。校風も関係するでしょうから単純に比較できるものではないとは思いますが」

この講座は実は宝島社という出版社の「もっと話そう！　Ｈｅｌｌｏ Ｆｅｍｔｅｃｈ」というプロジェクトの一環として行われています。聖光学院のほか、正則学園、サレジオ学院の2校の男子校でも別の講師による同様の趣旨の講座が実施されています。

ジェンダー・バイアスのようなところまでは踏み込まなかったものの、性教育としてはかなり守備範囲の広い内容でした。

続いて他校での取り組みについても、特徴的な場面を中心に見ていきましょう。扱うテーマはおおむね同じで、マスターベーション、性器、緊急避妊薬、コンドーム、ピル、月経、親密さの12段階、予期せぬ妊娠、性感染症、性的多様性、性的同意、性暴力、不同意性交罪です。やはりそのあたりが現在の包括的性教育の基本パッケージのようです。

男性器の形や大きさにこだわるな

東京の日大豊山では15年ほど前から毎年、日本家族計画協会会長で産婦人科医の北村邦夫さんが、中３の生徒全員を対象に講演を行っています。

男性器に関して多く時間をとっていました。サイズや形を気にする男子は多いのです。

「包茎手術の広告に騙されるな。普段は皮をかぶってて当たり前なんだよ。清潔にしなければいけないから、お風呂で、むいて洗ってまた戻せ。痛くてむけないようなら一気にむいたら絶対ダメ。毎日少しずつ皮を広げるように、優しくむきむき体操をしてください。３カ月やってダメなら僕のところに来て。手術が必要かどうかを考えます」

さらに、性に関する正しい知識をもつことで愛するひとに自分の誠心誠意を伝える手段が増えることを、北村さんは熱く語ります。一方で、「成績が落ちるのはマスターベーションのせいじゃない。勉強しないから。それだけ！」「性器の大きさをグチグチ言う女なんて、相手にしなくていい！」などと言い切ると、生徒たちも「ヒュー！」と歓声をあげ、会場はどんどん盛り上がっていきます。ロックコンサートのようです。

1999年の低用量ピル承認は、この国で女性が初めて自分の意思で妊娠するかしないかを決められるようになった意味があると北村さんは説明します。2011年承認の緊急避妊薬（アフターピル）も同様です。

「歴史上長い間、女性たちは妊娠のために自分の人生を狂わされてきた。僕はなんとしても日本にピルをもってきたかった。ピルは女性解放運動でもあるんです」

このときは生徒たちも水を打ったようにしーんとなって話を聞いていました。

いのちに詳しい男子はかっこいい

足立学園では、中2と中3のそれぞれを対象に、「いのちの授業」と銘打った特別授業が行われていました。講師は助産師で思春期保健相談士の直井亜紀さん。

中2の授業の副題は「心とからだの未来のために」。

科学的な正論を上から教えるスタンスではなく、生徒たちに実感させ、感情に訴えかけるような語りかけが特徴です。感極まって涙を流す生徒もいました。

生徒たちも見事でした。直井さんが時折投げかける保健体育的な知識問題には、即答で正解していきます。「大人の男性でも知らないひとは多いんです。いのちについて詳しい男子はかっこいい！」と直井さんはくり返します。

中3の授業は、1年前の話の続きです。つまり、基本的にはさきほどの中2の授業の続きです。副題は「紳士になるために知ってほしいこと」。

「好きだから○○しろって相手に要求するのは違いますよね。誰かを好きになるということは、そのひとのことを大切に思うことだと思います」

その前提を押さえたうえで、「壁ドンってどう思う？」「女友達のLINEのIDをぜんぶ消せって言われたらどうする？」「別れるって言うならあのことばらすよと言われたらどう思う？」などとケーススタディーでデートDVについても学びます。

最後に「パートナーができたらどうしたいか？」を隣同士でディスカッションさせます。この日聞いた話をヒントにすれば、大切に思う気持ちを伝える紳士的な方法がたくさん見つかったはずです。

大人になるとは？

武蔵では高1を対象に、助産師の名嘉眞《なかま》あけみさんが特別授業を行いました。2コマ連続の授業は、前半の「自分を理解して受け止めよう」と後半の「自分と大切なひとの体と心と未来を守るため」の2部構成でした。

前半の最後、予定よりも2カ月も早く生まれ、3日後に亡くなってしまった赤ちゃんの話をしました。ご両親と、2人のお兄ちゃんたちが、その子の誕生をどれだけ楽しみにしていたか、たった3日間のその子の人生をどれだけかけがえのないものだと思っているかを、詳細なエピソードや写真とともに語りました。でも抑揚はつけません。あえて淡々と語るその口ぶりに、長年にわたって生命の神秘と直接的に向き合い続けてきたプロの凄みを感じます。

「たった3日間でしたけれど、その赤ちゃんの存在そのものが、家族にとってとても大切なものでしたよね。みなさんの命も同じです」

後半、性行為を経験するから大人になるのではなく、性に関する心と体の能力を身につけることが大人になるということだと名嘉眞さんは説明します。

「自分らしく生きているひとは、相手を尊重することもできます。自分らしさは自分で決める」。そう言って、名嘉眞さんは授業を締めくくりました。

思いやりでは解決しない

武蔵では同じ日に、中2の学年全体を対象にした人権講習も行われていました。生徒の一部が教員に働きかけて実現しました。もともと武蔵には、生徒が教員に、やってほしい授業をリクエストするしくみがあります。

講師はLGBT法連合会の理事で事務局長の神谷悠一さん。4人の生徒が壇上に上がり、生徒たちから集めた質問を神谷さんにぶつけていく形で講習会が進行します。

性別適合手術をしていないトランスジェンダーのひとのトイレや公衆浴場についての質問には前提として、神谷さんはこう答えます。

「トランスジェンダーはいつもパンツの下はどうなってるの？と聞かれるわけですね。みなさんどうですか？　君のパンツの下どうなってるのって聞かれるんですかね。トイレに行くときにみんな脱いで証明してから入るんですか？」

そのうえで具体的な状況を考えてもらいます。施設も、公衆浴場なのか、トイレなのか、更衣室なのか――。たとえば更衣室でも、プールに行く更衣室なのか、下着は脱がない更衣室なのかによって違います。それらをぐちゃぐちゃに議論するから混乱が生じるのではないかと問いかけます。

　むしろトランスジェンダーは、不審だと思われないように、自分たちの身を守ろうとしていることを知ってほしい、と神谷さん。

「自分がどういう移行状況なのかというようなことをふまえながら、まわりのひとと相談しながら、社会との関係のなかで調整しながら、できるだけ本人の望みが叶うかたちで使えるようにしていくほうが、混乱は少ないんじゃないかと思います」

　男子校の文化祭でよく行われる、女装によるミスコンについては、神谷さんと会場の生徒のあいだで活発な議論が交わされました。ＳＮＳで主張しようものなら即座にバッシングを受けそうな意見も、物怖じせずにぶつけます。神谷さんも真剣に答えます。

　神谷さんの著書のタイトル『差別は思いやりでは解決しない』についても質問が出ました。

「人権は誰にでもあるのに、思いやりに頼ると、かわいそうなひと、助けたいと思われるひと、優しくしたいと思われるひとしか救われないことになってしまう。えこひいき、上から目線ですよね。人権や差別に対する取り組みをするのに必要なのは、学力でありスキルであるということを私は強調したいと思います」

コンドームの達人が駒場東邦に降臨

駒場東邦では中３で性教育講演会を行うのが恒例になっています。講師は「コンドームの達人」の異名をもつ泌尿器科医の岩室紳也さんです。

「私は『命を大切に』という言葉が大嫌いです。なんどその正論を聞けば命の大切さがわかるというのでしょうか。ひとは経験から学びます。経験していないことはぜんぶ他人事です。私の運命を変えてくれたのはエイズという病気です」

岩室さんはエイズ治療の第一人者でもあります。スライドを使用せず、歩きながら静かにゆっくりと話します。その語り口に、生徒たちは自然にしーんと聞き入ります。私語をしている生徒も居眠りをしている生徒もいません。２００人規模の大教室で、なかなか見られない光景です。

「学校では、先生たちがいっていることに常にクエスチョンマークをつけながら聞いてください。点数をとるためには、その先生が出す問題に対する先生が求めている正解を答えなきゃいけない。それはわかります。でも気をつけてほしいのは正解依存症です」

岩室さんがいう正解依存症とは、正解なんてありっこないことに正解を求め、偏った前提・情報・理屈から自分は正解を見つけたと思い込み、思考停止して、他人にもその正解を押しつけることです。

これまで岩室さんが診察した約150人のエイズ患者のうち、143人はセックスで感染しました。コンドームをつけていれば感染は防げたかもしれません。

「昔は中高生に向かって『セックスするならコンドーム』と連呼していましたが、最近はやめました。なぜだかわかりますか？　そうやって聞いていたのにコンドームをつけなかったために感染してしまったひとが、僕の外来をノックできますか？　できないんだよ。当時僕は、正解を伝えれば予防できると思ってた。そうじゃない。失敗したっていいとはいわないけど、しょうがないときはしょうがないんです。感染してしまったら、それを乗り越えて、次のステップに行かなきゃいけない」

私はここで深く頷きました。科学的に正しい性の知識を、あるいは人権的に正しいジェンダーの知識を、上から目線で子どもたちに教えれば、大人たちは正しいことをしたつもりになれます。責任は果たしたことになります。でも、みんなわかっているはずです。正しい英文法を教えてすぐに英文が正しく読めるようになるなら苦労しないと。性教育に限らず、子どもに接する大人はこのことを絶対に忘れてはならないと私は思います。岩室さんのこのひと言に、生徒たちもぐっと引き込まれていきます。

そこで、エイズで亡くなった友人のジュンという男性とのエピソードを語ります。岩室さんの家で食事をしているときにジュンさんが唐突にこう言いました。

ジュン　遺言、聞いてくれる？

岩室　えっ？

ジュン　あ、そのまえに言ってないことがあった。実は俺、ゲイなんだ。

岩室　なんでゲイなの？

ジュン　岩室さん、なんで女が好きなの？

岩室　男なら女でしょ……。

ジュンさんの顔色がくもります。

岩室　ごめん。ゲイのこと、ぜんぜんわかってないんだ。教えてほしいから聞くけど、なんで男がいいの？

ジュン　だから、岩室さんはなんで女がいいの？

岩室　あっ……。

ようやく岩室さんは、自分の質問がナンセンスであることに気づくのです。

「LGBT理解増進法が成立しましたね。最低です。理解なんてできないんです。『コミュニケーション』の語源は『わかちあう』という意味です。俺、ゲイなんだ。俺、異性愛者なんだ。わかちあえばいいんです。理解できるかってことは、完全に上から目線ですよね。ゲイの友達に、ゲイのことをどうやって知ればいいの?と尋ねたら、『知るより慣れろ』と言われました。このなかにも男が好きだってひとがいるでしょうし、女性になるために将来手術を受けようというひともいるでしょう。自分の思うように生きてください」

そして、ジュンさんの遺言は「男同士だと妊娠はしないけれどエイズウイルスには感染するので、セックスするならコンドームを使え」でした。

連呼されるより、心に残ります。

信頼、つながり、おたがいさま

エイズウイルスへの感染を防ぐために気をつけなければならないのが、輸血、入れ墨、薬物、セックスの4つです。

「もし友達が薬物に手を出すようなことがあったら、首に縄をつけてでも警察に突き出して、出所のときに迎えに行って、そのまいっしょに薬物依存症の治療の専門家を訪ねてください。1人だとまたやりますから、治療を続けるにはいつもまわりに声をかけて支えてくれる仲間が必要です。熊谷晋一郎という医師が『自立とは依存先を増やすこと』と言っていました。みんな誰かに依存して生きています。ひとに迷惑をかけないひとなんているわけがない。『絆《きずな》』のもうひとつの読み方を知っていますか？　『ほだし』です。手かせ、足かせ、束縛、迷惑のことです。でもその迷惑はほどほどじゃなきゃいけない。ほどほどの迷惑を我慢できるひとは、ちゃんと仲間になれる。信頼、つながり、おたがいさま。この3つがそろっているひとは、自殺が少ないし、トラブルにも巻き込まれにくいし、長生きで、教育的にもいいといわれています」

続いて話題はマスターベーションへ。3つの注意がありました。

1つめは、アダルト動画を絶対に1人で見ないこと。お互いに声を出して、こんなのありえねーよ、って言いながら見るのが正しい見方だと。

2つめは、ぜひリアルにチャレンジしてほしいこと。理由は、二次元と違って、リアルは思い通りにならないから。リアルに好きなひとからふられたら……友達に愚痴ればいい。愚痴れる友達がいることが人生においては何より大切と訴えます。

3つめは、床オナの危険性。理由は前述しているので割愛します。昔は友達同士でオナニーの話もできたけれど、いまは恥ずかしくてできないから、自分だけおかしな方法でしていても気づけないのだと岩室さんは指摘します。

「そのうちセックスする場面があると思います。そのときはまず自分の性欲に向き合ってください。オナニーの前と後とで自分の性的な興奮がどれだけ収まっているか、実感してください」

単なる性的欲求の高まりに突き動かされるなというアドバイスです。

「愛の反対はなんですか？　愛の反対は無関心ですよね。『好きだよ。愛してるよ。でもセックスはしたくない』。そういうこともあるんです。それなのに『愛してるからしようね』と迫るのは、体に関心があるだけで、相手の心には無関心ですよね。愛してないじゃないですか。いまは性的同意という言葉もできました。たとえ夫婦であっても、むりやりセックスしたら、犯罪になります。でもそういう話じゃなくて、相手が嫌がっているのにむりやりするっていうのは人間的には考えられないことです」

相手が嫌がることをするのはダメ。相手が望んでいないことをどさくさ紛れでするのもダメ。性的同意や不同意性交罪について、シンプルに本質を伝えています。

「最後にコンドームの達人講座をして終わりたいと思います！」

生徒たちから拍手喝采が起こりました。持ち歩くときはハードケースに入れることなど、コンドームの正しい扱い方を事細かに説明します。

質疑応答の時間にはひっきりなしに手が挙がりました。なかにはかなりインパクトのあるカミングアウトもありましたが、岩室さんはもちろん、まわりの生徒たちも冷静に受け止めているようでした。岩室さんは、正解依存症になってはいけないということと、仲間同士で依存しあって支えあうことの大切さをくり返し説いていました。

講演終了後、岩室さんと少しお話ししました。

「性についての『正解』を伝える性教育は多いと思いますが、私にとって性教育は手段でしかありません。性という視点を通して、人間関係の大切さとか、悩みを話せることの大切さとか、そういうことを伝えたいと思っています」

正解依存症におかされている頭でっかちな性教育やジェンダー教育も多いのではないか、という厳しい指摘だと私は受け止めました。

男子校と共学校での反応の違いについても尋ねてみました。

「男子校かどうかというよりは、いわゆる進学校では反応が良くて、話していて楽しいです。性的な話をタブー視せず、仲間同士で盛り上がっていいんだという経験ができるのは、男子校の良さです。男子校には男子校の良さがあり、共学校には共学校の良さがあるので、それぞれを生かすようにすればどちらでもいいと思います」

学習指導要領の「はどめ規定」

聖光学院と日大豊山の講義は、講師がどちらも産婦人科医で、話す順番や話し方は違いますが、内容的には非常に似ていました。足立学園や武蔵や駒場東邦での講座も、内容的には先の2つとほぼ重なっています。この並びのなかでは武蔵の人権講習だけ毛色が違い、扱うテーマとしては前出の灘のセクシュアリティの授業と似ています。

ただし、足立学園と武蔵での助産師の話には、理屈を超えた生命の神秘をにおわせる雰囲気があり、駒場東邦の講座は人生講話のようでした。生徒たちに与えられた情報はほぼ横並びですが、受け取った印象はそれぞれ違ったのではないかと思います。

各校の特別講義では、性交に関する直接的な表現も頻繁にされていました。でも実は、日本の中学校の保健体育の学習指導要領には、「受精・妊娠を取り扱うものとし、妊娠の経過は取り扱わないものとする」という、いわゆる「はどめ規定」があります。

はどめ規定とは、もともとはいわゆる「ゆとり教育」の流れのなかで、学習内容が増えすぎるのを防ぐために各教科に設けられた上限規定でした。その後の「脱・ゆとり」の流れにおいては、再びはどめを外す方針に切り替わりました。しかし、中学の保健体育のはどめはそのままになっているのです。

本来学習指導要領はガイドラインであり、一字一句に従わなければならない性質のものではありません。現場の判断で幅をもたせた運用が認められています。それなのに、この性教育に関連する規定については、まるで「性交」という言葉を使うことすら許されないかのような解釈が広まっています。おかげで、性交についての説明なしに、避妊や性暴力や性感染症を学ばなければならないおかしな事態になっています。背景には、純潔主義を訴え、性教育に強く反対する宗教団体による与党への圧力も指摘されています。

この章で紹介した講師のひとりは、「この学校では、学習指導要領のことは気にしないで、子どもたちに必要だと思われることをしゃべってくださいと言ってもらえるので、ありがたいです」と言っていました。

逆にいえば、この章で紹介したような包括的性教育が行われている学校は、少なくとも義務教育段階ではおそらくまだまだ少数派なのです。ここに紹介したような内容にまで踏み込んだ授業を行った公立中学の教員に対して、学習指導要領を逸脱しており不適切だとして、ものすごいバッシングが起きたこともありました。

駒場東邦で講座をした岩室さんは、「性行為でエイズウイルスに感染することを知らない高校生がいます。教科書の変遷を見ると理由は一目瞭然です。同性間の婚姻どころか、性行為すら絶対に認めたくないひとたちが頑張った結果、中学の保健体育の教科書は約30年前の内容に逆戻りしました。先進的だった教科書からもコンドームの写真が消えました。そのほうが教員は教えやすく、教育委員会も採用しやすいからです。そのなかで若い世代をどう守っていくか、悩み続けたいと思います」と唇を噛みます。

これが日本の性教育の現在地です。

それではいよいよ次章から、各男子校の教員たちが自前で行う性教育やジェンダー教育を紹介していきたいと思います。

第3章　工夫を凝らした包括的性教育

人気ドラマで学ぶ巣鴨の家庭科

前章では、外部講師を招いて行われる特別講義の内容を紹介しました。この章では、各校の教員たちがそれぞれの教科の枠組みのなかで工夫を凝らして取り組む個性的な包括的性教育の実態について紹介したいと思います。

まずは東京の男子校・巣鴨。高1の家庭科で、妊娠・出産・育児について学ぶといいます。定期試験が終わった翌日に行われる2コマ連続の特別授業です。

授業が行われるはずの教室に現れたのは、真っ黒に日焼けした、短パン&Tシャツ姿の、いかにもスポーツマンな男性教員。それを「意外」と感じてしまう私には、まだ無意識のバイアスがあることを自覚させられます。

「いまからドラマを見てもらいます。ずっと通しで見ていると落ちるひとが出てくると思うので、20分ずつくらいで区切って、途中で解説を入れます。手元のレジュメには、ドラマの各場面に対応した解説が書いてあります。僕は、体育と家庭科の両方の教員免許をもっていますので、それぞれの場面に対して、保健体育と家庭科のそれぞれの教科書の対応するページも書いておきました」

そう言って授業を始める黒木義郎さんは、もともと体育の教員で、陸上部の顧問でもあります。技術と家庭科の免許ももっており、巣鴨の実技系の授業を一手に引き受けるスーパーティーチャーです。

配られたレジュメのタイトルは「『逃げ恥』で学ぶ家族・家庭（男女共同参画・妊娠・出産等）」。なんと、星野源と新垣結衣が主演の人気ドラマが教材です。

「私にも、みんなと同じ高１の子どもがいます。出産も経験しています。もちろん自分のお腹から産んだわけではありませんが、なぜ経験なんて言葉を使うのかはあとで説明します」

人気ドラマ「逃げるは恥だが役に立つ」通称「逃げ恥」について説明は不要だろうとは思いますが、念のため。海野つなみによるラブコメディー漫画を２０１６年にドラマ化したもので、今回視聴するのは２０２１年１月２日に放映されたスペシャル版。形だけの契約結婚から名実ともに夫婦関係になった主人公たちの後日談です。

妻のサポートという意識ではダメ

新元号「令和」を発表する内閣官房長官を、新垣結衣が演じる「みくり」がパロディーする場面からドラマは始まります。「時代」が変わったことの象徴です。次の瞬間、それがみくりの白日夢であることがわかります。

社食での同僚との話題は産休・育休。出産時期が重ならないように、女性同士で妊娠するタイミングを気にしなければならないという世知辛い状況に対して「子どもを産むのに順番が必要って何？」「時代は令和だっていうのに、どうして産みたいときに産めないんだろう。産みたいタイミングで産めれば、少子化だって少しは解消されるのに」とみくりがぼやきます。元号が変わったから時代が変わるというロジックは、悪質な倒錯であると私は思いますが、それはここでは置いておきましょう。

生徒たちに配られたレジュメには、「1分　子どもを産むのに順番が必要って何？」とあります。その解説にはこうあります。


みくりさんのセリフ「どうして産みたいときに産めないんだろう。産みたいタイミングで産めれば少子化だって少しは解消されるのに」は、日本の多くの職場にある問題である。まわりの年齢や子どもの数を気にして、いま妊娠可能かを考えなければいけない状況が、いまの日本の会社社会の問題である。保P.88　家P.33・34

同様に「2分　家事分担」の解説。

中学2年生のとき、黒木が担当した技術家庭科授業の4月から言っている通り、「男性が外で働き、女性が家を守る」時代は終わった。

みくりはホームセンターのサービス統括課の紅一点。つわりを感じ、妊娠が発覚するところからドラマは足早に動き出します。

星野源が演じる「津崎」が妊娠を知り、良かれと思ってうっかり口にしてしまった「僕は全力でみくりさんをサポートします」というセリフに憤りを隠さないみくり。母親が主体で父親がサポートという意識ではダメだと黒木さんが補足します。

津崎の育休取得に難色を示す上司には、津崎の代役を買って出た男性が詰め寄ります。

「それさあ、育休だから嫌なの？　ほかの理由だったら？」

突然の事故、家族の病気介護、自分自身の体調不良……どんな理由で長期休業が必要になるかわかりません。育休でもほかの理由でも同じです。働いているのは人間なのだから、いつ誰が長い休みを必要とするかなんてわからないと、上司を諭してくれました。やりこめられた上司は苦笑いを浮かべます。

痛快なこのシーンで、生徒たちからは大きな歓声と拍手が上がりました。話の筋をしっかりと理解しているようです。そこでもすかさず黒木さんが補足します。

「やることがたくさんあって、休めないと思っていた時期に、僕がコロナに感染してしまいました。もう休むしかなかったわけですが、実際に休んでみると、まわりの先生たちが協力して僕の穴を埋めてくれて、僕がいなくても大丈夫でした。だから巣鴨は大丈夫です。誰が休んでも仕事が回り、帰ってこられる環境が普段からつくられています」

教員の経験談は生徒に伝わりやすい

みくりの出産シーンでは黒木さん自身の出産体験を語ります。普段接する機会が多い教員の話だからこそ伝わるものがあるはずです。

「うちの場合は、陣痛が始まってから生まれるまで、72時間かかりました」

「えっ!?　そのあいだ寝ないの？」

ドラマで観た激しい痛みが72時間途絶えることなくずーっと続くと思って心配したのでしょう。

「うーんと、僕は、最初病院に付き添って、まだ生まれないので帰ってくださいと言われて、いちど家に帰りました。２日目も陣痛が来ました。病院行きました。すみません、帰ってください。３日目、あー、痛い痛いと。でも、今日も生まれない気がすると妻が言うので、病院には行きませんでした。４日目、また陣痛が始まって、そろそろ生まれるだろうということで、病院に行きました。ようやく分娩台に上がりましたがなかなか赤ちゃんが出てこなくて、吸引分娩をすることになりました」

生徒たちから「あぁ〜」と声が上がり、頭を吸い上げるようなジェスチャーを何人かがします。

「そうそう。赤ちゃんの頭に吸盤みたいなのをくっつけて、掃除機みたいなもので吸うんですよ。それでもなかなか出てこない」

黒木さんが保健体育の教員であることを知っていた産科医は「お父さん、あなたも出産を経験してください」と言いました。

「妻にまたがってお腹を押してくださいって言うんです。怖くてなかなか力が入れられないんですけど、早く生まれないと赤ちゃんが危ないと脅されて、思い切り押したら生まれました。あとで見たら妻のお腹には僕の指の痕が真っ赤に残っているほど強く押していたようです。赤ちゃんの頭がとんがり帽子みたいになっていて、戻るのかなって心配でしたけど、一年くらいしたら戻りました」

広く社会問題をとらえたこのドラマでは、同性愛的な描写もあり、子宮ガンについても話がおよびます。お腹に命を宿したみくりとその伯母の百合ちゃんが病室で抱擁するシーンにはさまざまな意味が込められており、生徒たちは神妙な表情で画面に食い入っていました。セクハラ上司を津崎が正論で打ち負かすシーンでは、多くの生徒たちが頬を緩ませていました。安産祈願のために上京した父親から押しつけられる「男らしさ」に津崎が反発するシーンもあります。日々、親からの期待をひしひしと感じているであろう生徒たちには、訴えるものがあったのではないかと思います。

レジュメには、「妊娠検査薬」「選択的夫婦別姓」「LGBTQ」「育児休業」「セクハラ」「つわり」「子宮頸がんワクチン」「マタニティーブルー」「破水」など幅広いキーワードが拾われていました。ドラマの進行に沿って、黒木さんが解説します。2学期には女性の月経のしくみを含めた妊娠や出産の話を詳しくするそうです。

ジェンダーという観点では、逆にこてこての昭和のファミリードラマを見ながら、「これ、アウト!」とツッコミを入れる授業も可能ではないかと思います。

授業後、男子校の教員としていま感じることを黒木さんに聞いてみました。

「同性だけだから話しやすいという言い方もかつてはしていましたが、それは無知でしたね。トランスジェンダーの生徒もいるはずです。実際に私に話してくれた生徒もいます。巣鴨は、夏にはふんどしで遠泳するのを伝統としてきた学校ですが、いまはそれも希望制にしています。嫌な生徒は参加しなくていい。かつては頭髪指導も厳しめでしたが、一律な指導はできないことを、いまでは多くの教員が認識しています」

性のウェルビーイングを学ぶ海城の家庭科

海城の家庭科では、中3の3学期の5回の授業を「パートナーシップ」にあてています。1週目は「自分の性を見つめよう」、2週目は「恋愛」、3週目は「性の健康と幸福」、4週目は「産まない性から考える」、5週目は「性暴力・性犯罪」。2週目から4週目の授業を3週連続で見学させてもらいました。

「みんなは恋したことはあるのかい？」

2週目の「恋愛」の授業の冒頭、ちょっと年の離れたお姉さんのような口調で教壇から龍崎翼さんが問いかけます。生徒たちは照れるように笑います。

「事前にみなさんに答えてもらったアンケート結果によると……。好きなひとがいるのは23・9％。交際相手がいるのは9・3％」

「えーっ!!」

どよめきが起こり、生徒たちはお互いにあたりを見回します。

「いまはいないがいたことがあるのは26・5％で、推しがいるのは44・6％」

最後のオチで、どよめきが笑いに変わりました。

「前回、SOGI（性的指向と性自認）の話をして、いろんなひとがいるのはわかっているけれど、今日は男女にまつわるいろいろな研究データも紹介しながら授業を進める関係で、男女の恋愛について主に扱いますので、ご了承ください」

ここが学校の授業の難しいところだと思います。限られた時間のなかで効果的に議論を進めようとすると、いくら多様性が前提だとはいっても、必ずどこかに線引きをしなければいけません。教員たちは常にジレンマを抱えています。

まず、アメリカの自然人類学者ヘレン・フィッシャーが提唱する説を紹介します。二足歩行と脳の肥大化によって、ヒトは未熟なまま生まれてくるようになりました。身動きのとれない母子に糧を運び、危険から守る役として、父親という機能ができました。ただし、子どもが自分の子であるかをオスはたしかめようがありません。母親であるメスの喜ぶことをしてあげたいと思う気持ちが強いオスを得た母子が生き残る割合が高かったため、恋愛というシステムが発達したというシナリオです。

さらに浮気を科学します。ゴリラとチンパンジーとヒトの、精巣のサイズやペニスの形状を比較して、それぞれの種におけるオス・メスのパートナーシップの違いに着目します。ヒトはもともと乱婚的であった可能性が高いと推測されるのです。

「乱婚ということは、浮気をするのはオスだけじゃないですよ。メスもします」

「やベー」

「やベー、じゃない！　だからって、浮気を肯定しているわけではないですからね。大問題になりますからね。よく考えてください」

３週目は「性の健康と幸福」。要するに性に関するウェルビーイングです。前回の恋愛と性との関連性の話でもあります。

まず「性の健康」についてのＷＨＯによる定義から「楽しく安全な性体験ができることが必要」という一文に着目し、生殖という側面だけではない「性」がひとの人生の重要な要素になりえるという考え方が世界標準になってきていることを伝えます。

海城にて家庭科教員によるパートナーシップの授業

次に、第2章でも登場したデズモンド・モリスの「親密さの12段階」を紹介します。一般には出会いからセックスがこの順番で進むものだと解釈されがちですが実は、この順番をすっ飛ばすと早く別れる傾向にある、というのがモリスの主張であると龍崎さんは解説します。

この12段階はネットで検索すればすぐに見つかりますが、本書になんどか登場するので、ここで一回、全体をふまえておきましょう。(1)目から体、(2)目から目、(3)声から声、(4)手から手、(5)腕から肩、(6)腕から腰、(7)口から口、(8)手から頭、(9)手から体、(10)口から胸、(11)手から性器、(12)性器から性器、です。「ふれあいの12段階」ということもあります。

セックス中の男女の体の中に起こる生理的反応のメ

カニズムや、男女のオーガズムの質の違いもしっかりと押さえます。

続いて、日本人はパートナーとのセックスに対する満足度が低いという国際比較データ（2019年TENGA調べ）を見せます。そもそも日本人の性的活動が停滞傾向にあり、セックスレスの夫婦が増えていることも伝えます。セックスの目的、悩み、痛みなどの男女別データも見ます。

相手がどう思っているか？をお互いに気にすることができる関係性が大事、性生活に対するお互いの気持ちや考えを頻繁にすり合わせることが肝心、男性がリードしなければなんて気負わなくていいと龍崎さんは訴えます。

ちなみに、何をしているときに「最も快いと感じるか」というアンケートでは、ほとんどの国で「セックス」が1位なのに、日本の1位は「美味しいものを食べる」だそうです。

“正しい知識”だけでは教育にならない

4週目の「産まない性から考える」のサブタイトルは「妊娠と責任」。

「強要とかではなくて、同意のうえで避妊をせずに、2人が望んでいないのに妊娠が成立した場合、責任はどこにある？　あくまでも私の個人的な考えですが、その場合は、双方に責任があるんじゃないのかな。女性は自分を守らなきゃいけないし、男性も自分を守らなきゃいけない。今日は自分を守ることにもなる授業だと思って聞いてください」

月経や妊娠のメカニズム、避妊、婚外子、事実婚、不妊治療、人工妊娠中絶など関連する重要語句とデータを押さえます。「安全日はないと思ってください」「不妊の検査は男女ごいっしょに行ってください」などと呼びかけます。

そのうえで「性と生殖に関する健康と権利（ＳＲＨＲ）」にもとづいて、産む・産まないを選択する権利は女性にあることを確認します。

「そこで問題です。女性から『妊娠した』とＬＩＮＥが来たらどうする？　そこで『俺の子？』と思うようなひとと避妊しないでしちゃダメだと思います。『無理、ごめん』と言っても、『産む。迷惑かけないから。認知しなくていい。ひとりで育てるから』と言われたら？　女性の決断を男性は止められません。『迷惑かけない』って一筆書いてもらっても、裁判になったら子どもの権利の観点から、無効になります。ほかの女性と家族ができて幸せに暮らしているときに突然裁判所から呼び出しがかかるかもしれません。逃げても強制認知の判決は出ます。相手に対する責任ではなくて、子どもに対する責任から逃れられないしくみになっています。――それを理解することが、みなさん自身の身を守ることです」

普段はガヤガヤ私語も多い教室が、このときはしーんとしていました。龍崎さんが補足します。

「なんせ男性視点で今日は話しましたので、女性からは『えっ？』って思われてしまう言い回しもあったかもしれませんが、女の子が何と言っても、自分の意思で避妊するようにしてください」

たしかに第三者的に見れば、身内に甘いメッセージに見えるかもしれません。でも龍崎さんは日々生徒たちと接する教員です。生徒を信頼する立場に立ち、彼らを守りたいと思うのは当然です。

５週続けてこういった内容を取り扱うと、かなり広く深く、いろいろなテーマを扱えるのだなというのが私の実感です。学校で日常生活をともにする生徒と教員の関係性を前提にできますから、１時間半くらいで行われる２００～３００人規模のイベント的な特別講義とは議論の深さも違います。

龍崎さんに、一連の授業の狙いを尋ねました。

「日本の性教育は予防教育になりがちです。でもそれって、家庭科で食について学ぶときに、肥満や食中毒を防ぐみたいな観点だけになってしまうのと同じですよね。食の満足度ってぜんぜん違う話じゃないですか。性についても、もっとポジティブな側面に触れたい。自分が満足するだけじゃなくて、パートナーとちゃんと話し合って、性的にも充実した幸せな生活ができるように」

龍崎さんは、大学で家族社会学を学びました。海城で家庭科を教えて15年。勤め始めた当時はジェンダーという観点も皆無の時代でした。エリート学生による性的暴行事件も世を騒がせており、性やジェンダーに関する教育の必要性を強く感じていました。

「いまの生徒たちは、ジェンダー・バイアスとかジェンダー・ステレオタイプとかはだいぶなくなってきています。そこには時代の変化を感じます。でも一方で、いままで女性が虐げられてきたこととか、事実としては扱いますけど、差別とか人権とか抽象的な概念から入ると、ダメなんです」

優秀な生徒たちであれば、〝SDGs的な正しさ〟を頭で理解することは容易です。授業のあとにディスカッションをすれば、〝正しい意見〟は言えます。しかし、まだ多分に自己中心的な段階にある中高生に上から目線の〝正論〟を押しつけても本当の学びにはいたらないというのが現場の教員の感覚なのです。ある程度功利的なロジックに落とし込むのも、科学的に説明するのも、生徒たちの状況に合わせた工夫です。

正しい知識を正しく伝えれば、大人の責任は果たしたことになります。でも、日々生徒たちと接する現場の教員である龍崎さんは、〝正しさ〟に甘んじません。あくまでも生徒の心にくさびを打ち込むことを授業の目的としています。

炎上広告もテストにする世田谷学園の社会科

世田谷学園では中学の3年間「総合社会」という科目を履修することになっています。中学の地理・歴史・公民を総合してテーマ別に構成し直した独自科目です。

中3の1学期には「ジェンダー」と「家庭」というテーマでそれぞれ10〜15コマの時間をかけてしっかりと学びます。それぞれに50〜60ページのオリジナルのテキストが用意されており、これが非常によくできています。

たとえば「ジェンダー」のテキストの冒頭には、「学校教育の場でジェンダーを意識させている教育はないか考えてみよう」という問いかけがあります。制服、名簿、得意科目への先入観などが挙げられます。そして、2019年の東大入学式の祝辞の全文が掲載されています。フェミニストとして有名な社会学者の上野千鶴子さんによるもので、当時メディアでも大きな話題になりました。一部を引用します。

あなたたちのがんばりを、どうぞ自分が勝ち抜くためだけに使わないでください。恵まれた環境と恵まれた能力とを、恵まれないひとびとを貶めるためにではなく、そういうひとびとを助けるために使ってください。そして強がらず、自分の弱さを認め、支え合って生きてください。女性学を生んだのはフェミニズムという女性運動ですが、フェミニズムはけっして女も男のようにふるまいたいとか、弱者が強者になりたいという思想ではありません。フェミニズムは弱者が弱者のままで尊重されることを求める思想です。

これを中3の初っ端の授業で読解します。たぶん、最初はピンとはきません。でも10〜15コマでジェンダーについて広く学んだあと、またこの祝辞を読みます。そこで、自分の理解が深まっていることを確認するのです。

テキストの中の「女性史」のページにおいては、日本史の観点からは日本の政治における女性の力の変化、世界史の観点からはアメリカ独立宣言とフランス人権宣言におけるジェンダー観や各国の選挙権のあゆみ、公民の観点からはグローバル・ジェンダー・ギャップ指数の意味や男女間賃金格差について学びます。

「女性の権利」のページにおいては、世界地理の観点から、遊牧社会では女性が財産を管理するケースも多いこと、宗教によって女性へのイメージが違うこと、男女平等先進国としての北欧諸国の現状などを学びます。

「フェミニズム」のページでは、ポリティカル・コレクトネス、＃ＭｅＴｏｏ、＃ＫｕＴｏｏ、女性のファッション、女性専用車両、悪意のない差別、スポーツにおける女性の扱い、ミスコン、広告における萌えキャラなどについて、実際の社会で起きている事例を解説し、何が問題になりえるのか、社会としてどうあるべきなのかを議論します。

たとえば女性専用車両については、「逆差別だ」という意見も出ます。その意見もいきなりは否定しないで逆差別であると思う理由を述べさせ、それが本当に論理的か、あるいは前提を間違えていないか、みんなで議論して、検証して、腑に落としていきます。そのプロセスを経ずに女性専用車両に反対することは社会悪だと教え込まれても、別の場面で正しい判断ができない可能性があるだけでなく、女性へのアファーマティブ・アクションに対してある種の恨みのような感情をくすぶらせる可能性があります。

セクシュアリティについてのページも、約10ページあります。そこでは、「ホモソーシャル」が女性やLGBTへの差別の一因になっている可能性を指摘しています。仲間の結束を確認する手段として、「ミソジニー（女性蔑視）」や「ホモフォビア（同性愛嫌悪）」が利用されやすいといわれているのです。男子校はまさにホモソーシャルとみなされやすい環境ですが、男子校の中にもいろんなタイプの男がいていい、もちろんゲイやトランスジェンダーがいる可能性があることを伝えます。

過去の定期試験では、イラストつきで問題用紙に掲載された架空のメイド喫茶の広告について、「ポリティカル・コレクトネスの観点から見た問題を複数指摘し、適切な表現に直したポスターの図案を示しなさい」という問題が出されました。

恋愛と結婚の常識を揺さぶる

ジェンダーについて学んだあとに、「家庭について考えよう」というテキストに移ります。まず、日本史と世界史と地理の観点を複合して、古今東西の家庭の形を学びます。たとえば日本では平安時代くらいまでは「妻問婚」という婚姻制度が一般的で、母系社会であり、事実上の一夫多妻や多夫多妻も珍しくなかったことが説明されています。

あるいは、中世ヨーロッパに関する文献から、恋愛と結婚を結びつける私たちの常識が、普遍的な常識ではないことを学びます。さらに、18世紀末ヨーロッパの産業革命にともなって、「近代家族」という概念が生まれたことにも触れます。外へ出て働く父親と、家庭で子どもを養育する母親、養育される存在としての子どもを基本単位として、たしかな愛情によって結びつけられる家族の理想像です。

近代社会においては家族が基本単位となる以上、家族の安定性をゆるがすような、家庭外での恋愛や生殖は認められるべきではないという思想が生まれ、それが「ロマンティック・ラブ・イデオロギー」として世界に広く定着しました。ロマンティック・ラブとは、一時の衝動ではなく、経済的・政治的な打算でもなく、人格的な結びつきによる男女一対一の愛情のこと。そのイデオロギーとは、相手以外の者に恋愛感情をむけることなく、二者間のほかに性的接触をもつべきではないとする思想です。

現代社会の常識がどのようにつくられてきたのかを俯瞰的に説明し、前提を疑わせます。このような思考を経験することで、知らず知らずのうちにこびりついて思考停止を招くさまざまな思い込みに気づき、自ら引き剝がせるようになってほしいのです。

念のために付け加えておきますが、授業のなかで教員が善悪の判断を押しつけることはしません。思い込みを脇に置いて社会を直視する視点を身につけるのが目的です。

社会科の各科目を分解し、テーマ別に編み直し、3年間分のカリキュラムとテキストをつくるのには約2年間の時間を要しました。目的は、暗記科目からの脱却でした。

「ジェンダー」のテキストづくりを担当したのは社会科の大西将樹さん。専門は日本史です。このテーマを担当することになり、自身もジェンダーや女性の権利やセクシュアリティについて、いちから学び直したといいます。

大西さんは高校生のときにカナダに留学し、カナダの高校を卒業しました。そこで受けた性教育がバックグラウンドとしてあります。

「カナダでは、教室で1人1個コンドームが手渡されて、その場で封を切って、使い方を教えていました。私のなかではそういうことをするのが当たり前だと思っていました。でも日本の学校では、世田谷学園に限らず前任校も同様でしたが、そういうことに触れちゃいけない雰囲気がありますよね。コンドームの使い方もピルの飲み方も習ってない。特に男子校では、ピルって何?みたいなところがあります。なんでそこを学校でやらないんだろう、勉強ができるよりも人生においてよっぽど重要なのに……というもやもやがずっとありました」

総合社会が始まったのが5年前。試行錯誤しながらようやくカリキュラムとして安定してきた一方で、まだまだ課題があると大西さんは言います。

「結局これをつくっているのが男性教員ばかりなんですよ。女性の視点が入っていないことが課題です。女性の視点からしたら不十分なところや、逆に余計なお世話ってところもきっとあると思うんですよね。社会科にも女性の教員が入ってきてくれたので、まさにいまこのテキストを確認してもらって、気になる部分は遠慮せずに指摘してほしいとお願いしているところです。もっと日常的にそういうことが語り合えるといいなと思っています」

性的葛藤に思いを馳せる駒場東邦の国語

駒場東邦の中３の国語では、主人公の少年の葛藤にジェンダーや性の問題が深く絡んでいる作品を選んでいました。

直木賞作家・東山彰良の短編集『どの口が愛を語るんだ』から「猿を焼く」。片田舎のさびれた温泉街を舞台に、中３で東京から移住した主人公が、自分とは別世界を生きるクラスメイトの女子に淡い恋心を抱く設定です。中学生の時分から暴走族のリーダーの女であり、中卒で水商売をさせられる〝ヒロイン〟への性的夢想やルサンチマンが描かれます。受験のために彼女への恋心を封印した主人公の〝正しさ〟はいずれ、グロテスクな形で暴発します。

教材を選んだ国語科の大谷杏子さんが、その意図を説明してくれました。

「3年間担任をしてきた中3と読む最後の教材なので、締めくくりとしてふさわしいと思えるものを探しました。たとえばアダルトコンテンツを見ている男の子でも、好きな女の子にはそういうことをしてほしくないという矛盾した感覚があるはず。こうした性と他者との関係は、ネットで性的なものにアクセスするだけでは見えてこないですよね。だからこそ学校教育の場で正面から扱う必要があると感じました」

低学歴や地方社会や性的サービス業を見下す主人公の心情を読み解きながら、「いまあなたたちのなかにあるコンプレックスと優越感の難しい戦いは、きっと大学受験終わっても終わらないからね……」と生徒たちに警告します。

大谷さんはかつて女子校に勤務していました。自らも有名女子進学校の出身です。しかし駒場東邦の教壇に立つようになって、生徒たちが大学受験に対してあまりに大きな苦しみを背負っていることにびっくりしました。生徒とやりとりを重ね考え続けた結果、男子特有のプレッシャーがあることに気づきます。これが日本の現実の縮図なのだと。自分たちの弱さや不安を否定するのではなく、むしろ受け入れることで乗り越えてほしい。「あるべき男性像」のくびきから自由になってほしい。——そう思うようになりました。

「このまえとったアンケート結果からわかるように、あなたたちは結婚相手に学歴を求めてませんよね。学歴なんて人間の魅力には関係ないじゃんってもし思ってるんだったら、それはそのままあなたたちにもあてはまるはずでしょ。実際、人間的な魅力に学歴なんて関係ないじゃんって言ってくれる女の子だってたくさんいるはずです。逆に『学歴高いからあなたが好き』と言われたら、『なんだよ、それ』って言えていいはずでしょ」

　さきほどまでざわついていた教室が、いつの間にか静まりかえっていました。

　現在の学歴社会では、出身大学のブランド力が将来の稼得力を予測します。「ほどほどの学歴がいい」と言われて意欲をくじかれる女性が多いのと対照的に、「男は一家の大黒柱であらねばならぬ」「家族を養うのは男の使命」「女に食わせてもらっては男の沽券にかかわる」というジェンダー・バイアスによって、学校教育の段階から激しい競争圧に追い立てられる男性たちがいます。そのバイアスに自覚的になって、自分で自分の生き方を選んでほしいと大谷さんは伝えています。いわゆる「男性学」の視点です。

　駒場東邦の国語ではほかにも瀬地山角著の『炎上ＣＭでよみとくジェンダー論』や山崎ナオコーラ著の「笑顔と筋肉ロボット」などジェンダー論に踏み込む文章を教材として扱っています。英語でもたとえば「特権（Privilege）」という単語に関連して、自分たちが知らず知らずのうちに特権的立場にいる場合があり、知らず知らずのうちに差別している可能性があることに自覚的になるように促します。

2024年に4つの男子校入試に出た小説

駒場東邦は2024年の中学入試の国語の問題でも、ジェンダーに関する小説を問題文に選んでいます。村上雅郁《まさふみ》著『きみの話を聞かせてくれよ』から「タルトタタンの作り方」。ボーイッシュな女子中学生とフェミニンな男子中学生の心のふれあいを描いた作品です。「人は、枠組みから外れたやつがいるのがこわいんだよ。だから、自分がわからないものに出会うと、おかしいって言って攻撃したり、わかりやすいでたらめに押しこんで、わかった気になったり、する」という一文に注目させ、性別以外の文脈で似た構造をもつ日常的な場面を記述させる問題を出しています。

把握できている限りにおいてこの作品は2024年の中学入試で、駒場東邦、海城、学習院、修道の男子校4校と、4校の女子校および2校の共学校で国語の入試に使用されました。ジェンダー・ステレオタイプに対する高い感受性をもった生徒に入学してほしいと願っていることの表れです。あるいはそういう教育を行っていきますよという宣言です。

私立中学にとって、入試は最初の授業です。最近は男子校においてもジェンダーをテーマにした出題が多く見られます。いくつかの例を挙げてみましょう。

２０２３年の桐朋の国語では、古田徹也著『いつもの言葉を哲学する』から、普段我々が何気なく使う言葉に潜むジェンダー・バイアスとどう向き合うべきかをテーマにした文章を出題しています。選挙活動で聞かれる「彼を男にしてください」という表現や「英雄」「雄大」「雄弁」などです。

２０２１年の獨協の国語では、男性学の研究者である田中俊之さんが著した『男子が10代のうちに考えておきたいこと』から出題されました。「男らしさ／女らしさ」の思い込みについて解説する文章です。

２０２２年の開成の社会科では、男女共同参画局「共同参画」２０２１年5月号より、「単身赴任の母親に対して『え?母親なのに単身赴任?お子さんかわいそうね…』」といった言動が、母親や、家族を傷つけることがあるかもしれません」という文章を引用し、「この言動の背景にどんなアンコンシャス・バイアスがあると考えられるでしょうか」と問うて記述させています。もちろん、アンコンシャス・バイアスが無意識の思い込みであることの説明は問題文のなかで提供されています。

２０１９年の聖光学院の社会科では、架空の企業の人材募集広告が提示され、女性への間接差別にあたる記述を指摘させる問題が出されました。間接差別とは、直接的に性別で差別するのではなく、さまざまな要件を設けることで行われる巧妙な性差別です。間接差別だけでなく、直接的な性差別表現も含まれている点で、ひっかけ問題でした。

全方位から性やジェンダーを学ぶ栄光学園

神奈川の栄光学園では、「本校において特徴的あるいは独自といえる取り組みはない。よって授業見学には対応できない」としながらも、アンケート調査への回答から、さまざまな教科で性やジェンダーについて真摯に向き合っている状況が伝わってきました。

保健体育では思春期の心身の変化を学ぶだけでなく、妊婦体験をしたり新生児の人形を抱っこしたりする体験学習を行っています。地元鎌倉市とのコラボで、助産師や保健師による出張講座も行いました。性の多様性について、担当教員の体験談を話したりもします。

中学の家庭科では、かつて技術・家庭科が男女別カリキュラムになっていたことの歴史的経緯や社会的背景を説明します。さらに高校では、明治時代の民法と現在の考え方を比較しながら、家族やパートナーとの関係性について考えます。同性婚をめぐる議論や「パートナーシップ制度」の現状についても説明します。折々で、生徒たちの発言を拾い、ジェンダー・バイアスについて気づいてもらうようにもしているということです。

中2の倫理では、性は人間同士の親密なコミュニケーションであることを説明したり、性の要素として「生殖の性、快楽の性、連帯の性」を挙げて自己のあり方について考えてもらったりします。マスターベーションや射精障害についても説明しています。NPOが制作した教材や動画を使って、性的多様性についても学びます。

社会科では、「生理の貧困（生理用品を買うことすら難しい貧困）」や人工妊娠中絶に関する判例、イスラム世界における女性の立場、フェミニズム、スポーツにおけるセクシュアリティやジェンダー関連の問題などについても学びます。

「性教育」「ジェンダー教育」と銘打った講義ばかりがそういう教育の機会ではありません。実際、栄光学園に限らず、現場の教員たちはそれぞれの立場でそれぞれの問題意識を伝えています。むしろ平常授業のなかでこそ伝えられることがあるでしょうし、そのほうが本来あるべき姿だと思います。だって、性やジェンダーは、そこだけを抽出してくり出せるものではなく、私たちの生活や学びや人生のそこかしこに渾然一体《こんぜんいったい》として含まれているものだからです。

でも、イベント的なわかりやすい「性教育」「ジェンダー教育」に比べて、そういう地道な教育活動が学校の外に知られることはほとんどありません。性教育やジェンダー教育を語るうえで見逃してはならない観点だと思います。

料理動画を配信した日大豊山校長の思惑

学校での教育は授業時間のなかだけで行われるわけでもありません。生徒指導の姿勢や職員室の雰囲気も、生徒たちの価値観醸成に影響を与えます。

日大豊山では、コロナ禍の一斉休校期間において、校長自らいわゆる「お料理動画」を生徒たちに向けて配信しました。せっかく家にいるのだから料理の腕でも磨きなさいというメッセージです。

「特に深い意図はなく、教員たちがオンラインで授業しているのがかっこよく見えて、自分もやりたくなっただけです」と松井靖校長は笑います。

自ら包丁とフライパンを持ち、ポテトサラダと生姜焼きをつくる手順を動画で説明しました。皿洗いまで撮影しましたが、動画の尺を短くするためにやむなく削りました。松井さんは日常的に家族の夕食をつくっています。

保護者から「息子がポテトサラダをつくってくれました」と報告を受けたり、「続編は？」と問われたりするそうです。

松井さん自身が日大豊山の出身です。日大付属校の共学校で24年間、男子校で17年間教えてきました。久しぶりに母校に帰ってきたときには率直に言って「いまどき男子校はないだろう」と思ったそうです。しかし日大付属校には共学校も女子校も男子校もあります。大きな意味では同じ理念のもとに教育を行っており、学びの環境を選べることに意味があります。時代にそぐわない部分は積極的に修正し、学びの環境として大切にすべき部分は大切にすべきと、切り分けて考えることにしました。

男性の教員がロールモデルになることが肝心と考え、男性教員の育休取得を推奨するメッセージを２０１７年に発信しました。少しずつ職員室のムードが変わりはじめ、２０２２年度、２０２３年度の男性育休取得率は１００％となっています。

担任が育休に入るクラスのホームルームに松井さん自らが参加し、「新学期が始まったばかりですが、先生は1学期間の育休に入ります。君たちは、先生が育児に奮闘する様子をよく見ておきなさい」と直接語りかけたこともあります。

生徒たちからもっと驚きのリアクションがあるかと松井さんは予測していましたが、それほどでもありませんでした。考えてみれば当然です。男性教員が育休をとることを珍しいと感じてしまうのは、私たち大人がジェンダー・バイアスに囚われているからです。世の中のジェンダー・バイアスをまだ知らない生徒たちからすれば、先生が男性であっても育休をとっている姿を見れば、それが当たり前だと思えます。

現在、日大豊山の学校説明会では、教員の家庭事情によっては休講もするし、育休で担任がいなくなることもあると、堂々と伝えます。概ね好意的なリアクションが返ってくるそうです。

実際に日大豊山で育休をとった吉田賢史《さとし》さんに話を聞きました。吉田さんはゴールデンウイークの前から2学期の始業まで4カ月弱の育休を取得しました。「本当は1年とりたかったんですけどね」と笑います。教壇への復帰直後には、自らの育休体験を生徒に語りました。「昔から女性の教員は1～2年の育休をとるのが当たり前でしたが、男性は育休取得を検討する雰囲気すらありませんでした。男性の育休取得にも理解が得られるようになったのは喜ばしいことですが、改善点はまだまだあります。追加の人員がいないので、結局残された人員でカバーしなければいけないのが現状です。また育休を4カ月弱取得した結果、昇給やボーナスに影響が出てしまいました。半日、隔日、在宅など、バリエーション豊かな育休が選択できるようにすべきです。人員補充制度も必要です」

男性教員が育児時短を利用する駒場東邦

駒場東邦の下山大介さんは2007年に「育児時短」を1年間利用しました。時間単位で有給休暇を消化するしくみです。

朝、保育園に寄っていると、朝礼と1時間目に間に合いません。そこで時短を利用します。男性も育児すべきだと考える若い男性教員が率先して、下山さんの代わりに朝礼を引き受けてくれました。

当時はまだ珍しい取り組みでしたが、いまではすっかり取り決めとして定着し、性別にかかわらず多くの教員が気がねなく利用しています。

駒場東邦の職員室の先進的な雰囲気はどのようにつくられたのでしょうか。前出の国語科・大谷さんに聞いてみると、次のような答えが返ってきました。

「なぜ進学実績が伸びたのですか?と聞かれることも多いのですが、2つとも同じ答えになります。駒場東邦はボトムアップで物事が動く学校です。各教員がそれぞれの考えに従って自由に動く文化があります。そこには足並みをそろえにくいデメリットもありますが、長い時間的スパンと広い視野で見れば、各教員が各分野でトライ・アンド・エラーをくり返しながら良いものを取り入れて、学校全体が進化していく力になっていると思います。自分の発案でやりたい企画を実施することは、各教員の考える力を鍛えることにもなりますし、仕事への満足度を高めることにもなっていると思います」

逆にいうと、組織の強制力を利用してジェンダーやダイバーシティに関する研修を受けさせたところで、本人の切実な思いがないかぎり、効果は限定的なのかもしれません。

実際、一般企業におけるハラスメント防止研修やダイバーシティ推進研修は、やっ、て、は、い、け、な、いことのリストを教えてもらうだけの場になっている場合が多いと聞きます。何が他者を傷つけるのかという本質の部分を理解せず、自らの保身のために行う研修です。形式的にそのような研修を受けたとしても、リストに想定されていない場面に出くわしたときには自分の頭で考えて応用することができません。

それでも企業としては「ハラスメント防止研修をやりました」「ダイバーシティ推進研修をやりました」と言えます。はっきりいって責任回避のアリバイづくりです。そんなことをしていたら、問題の本質はますます水面下に潜り込み、手の出しにくいものになってしまいます。

生徒に対する性教育やジェンダー教育も、下手をすればそうなります。

ドラァグクイーンが開成で教員研修

本書執筆のために行った、全国のすべての男子校を対象にしたアンケートでは、性やジェンダーに関連する教員研修の実施状況についても質問しました。

開成は２０１７年に、教員希望者を対象にした「ＬＧＢＴ・ダイバーシティ研修」を行っています。講師はドラァグクイーン（ゲイカルチャーから発祥したといわれている、派手なメイクと女装のパフォーマー）のヴィヴィアン佐藤さんです。「男／女」という2分類を根底に、こんどは「Ｌ／Ｇ／Ｂ／Ｔ」という4つに分類するということ自体に対する疑問を提示し、ここに共通する構造に気づくことによって、ダイバーシティをめぐる問題の本質を学ぼうという主旨でした。

武蔵でも、２０２３年12月に、性的多様性に関する教員研修会を行っています。ＬＧＢＴ法連合会事務局長の神谷悠一さんが生徒に対する講習会を行ってくれた（73ページ参照）あとに、教員に対する研修会も引き受けてくれました。

神奈川の浅野でも数年前にＬＧＢＴ当事者を招き、教員全員参加の研修を行っています。

しかしアンケートの全体傾向として、性やジェンダーに特化した教員研修は、それほど積極的に行われていない印象です。

はじめはちょっと残念な気がしましたが、前述のとおり駒場東邦の事例を聞いたり、いろいろな学校の職員室の状況を思い出してみたりするうちに、別の解釈ができるかもしれないとも考えました。

もともと多くの私立中高一貫校の教員たちは独立性が高く、自分たちの授業に大きな裁量が与えられています。一般論として、トップダウンの改革や研修を好まない職場文化があります。「右向け右！」という号令はなじみません。

それが教育の多様性を担保していますし、時代に合わせた即時的で柔軟な変化を可能にしています。トップダウンの学校改革を行う学校は往々《おうおう》にして、教員たちが主体的に学び自ら変わろうとする姿勢を失っている学校なのです。

とはいえ、第1章で紹介した立教池袋の事例では、教員の共通理解不足が性教育実施の障害になることがあるとも指摘されていました。性教育やジェンダー教育に関しては、ある程度の共通理解を得るための研修や意見交換の場が必要ではないかと感じます。

この章では、男子校の通常の授業のなかで工夫を凝らして行われている性教育やジェンダー教育を見てきました。保健体育的な観点から、月経や妊娠や避妊や出産について学ぶことは大前提ですが、そのうえで男子校では、男性が性に関するトラブルから自分を守る方法や、男性を苦しめるジェンダー・バイアスから自由になるための教育を行っていることがおわかりいただけたかと思います。

また、誰しもが無縁では生きられない性やジェンダーというテーマについて生徒たちの視野を広げ、なおかつ心の奥深くに真摯な構えを根付かせるには、やはり、学校の日常において、普段のさまざまな教科の授業のなかで、あるいは教員たちの生き方そのものから、呼吸するように学ぶことが肝心である気がします。

次章では逆に、男子校の垣根を取っ払うことで実現した教育活動を紹介します。

第4章　部分的に男子校を共学化する

甲南女子大生が灘にやって来た

男子校に入ってしまうとたしかに四六時中女子たちと日常生活をともにすることはできませんが、必要に応じて女子たちと学ぶことならできるはずです。この章では、そんな取り組みを見ていきます。

まずは兵庫の灘。高3の公民の授業に、甲南女子大の学生たちが来てくれました。2コマ連続で行われた授業は2部構成。前半は、思春期保健相談士で婦人科クリニックに勤務している松原由佳さんが、女性の生理、デートDV、性的同意についての講義をします。後半は、それらのことについて、甲南女子大の学生たちが灘生たちのディスカッションの相手となります。

「誰かを好きになる、その先にある性のトラブルに遭ってほしくないと思って、こういった活動をしています。今日のゴールは、大切なひとも自分自身も大切にできる方法を知ることです」と松原さんは最初に目的を共有します。それがいわゆる「性と生殖に関する健康と権利（SRHR）」の理念であることも確認します。

どのようなメカニズムで月経が起こるのか、どれくらいの出血があるのか、なぜ月経で心身が不調をきたすのか、どういうときに生理が止まるのかなど、教科書的なことをさらっと復習しつつ、月経とともにある女性の生活や人生へと焦点を当てていきます。

月経がもたらす心身の不調については、大学生たちがそれぞれのケースを具体的に語ってくれます。重いひとは毎月本当に大変なんだなあということが伝わります。

月経についてひとに話しにくかったり聞きにくかったり、個人差が大きかったりすることから、社会的な理解が得られにくく、低用量ピルなどの医療的な対応や生理休暇のような制度的な対応が十分に活用されていない現状も学びます。

たとえば松原さんがかかわる思春期向けのＬＩＮＥ相談窓口には、高校生の女子から「ピルはガンになるからダメと親に言われて飲めない」という相談があったと言います。古い情報や偏見によって必要なひとに必要な選択が届かないのは残念だと、松原さんは嘆きます。

「ここは男子校なので、生理のあるひとに触れ合う機会はちょっと少ないんじゃないかなと思います。これから大学生、社会人になっていったとき、ちょっとやっかいなものを抱えているひとたちをサポートするにはどうしたらいいのでしょうか。たとえば交際中のパートナーやバイトの同僚なんかを想定して話し合ってみてください」

公民を選択している約50人の灘生が６人ずつの班に分かれて向かい合わせに座っています。

まずは男子同士で数分間話し合い、そのあとに、各班に2人ずつ大学生が加わって議論します。当事者がいるのといないのとでは議論の速さや深さが違うことを体感するためのしかけです。そのうえで各班が発表。

「僕らの班は、何かを代わってあげるとか具体的な案を考える前に、そもそもそれを言える環境があるのかということが疑問で……」と灘生が発表すると、大学生たちから、「さすが」という声が漏れました。

「よく知らないおっさんから、突然生理の心配とかされたらきっと嫌じゃないですか。僕らもそういう立ち位置になってしまう可能性があるので、まずは職場での関係を良く保つことが大切だと思いました。それは男女関係なく」

大きな笑いが起きつつ、大学生や松原さんも「うんうん」と頷きながら聞いています。

「交際しているパートナーには、積極的に寄り添うのとそっとしておいてあげるのと、2つの方向性の意見が出ました。大学生の方によると、たとえ善意からくる言動でも少しのことでイライラしてしまうことがあるし、ひとりになりたいこともあるらしいので、『やろうか?』ではなくて『やっといたで!』というスタンスがイケてるカレシなんじゃないかという結論にいたりました」

まじめな議論をしていても、発表の際にはさりげなく笑いを入れるのが灘生の流儀のようです。灘生と甲南女子大生のあいだに初対面のぎこちなさはなく、塾で生徒と大学生チューターが和気藹々《わきあいあい》と話しているような様子です。

「生理に限らず、体調が悪くなることって誰でもあるじゃないですか。それがたまたま女性だったら毎月のようにやってくるみたいなところもあるんですけど、そういう、しんどくなったときに声を上げられる関係性や環境というのを整えていってほしいなと思います」と松原さんが前半をまとめました。

休み時間に灘生たちは、教室に用意されたさまざまな種類の生理用品について、実際に手に取りながら説明を受けていました。「生理用品を買ってきて」とおつかいを頼まれても動じない男性になってほしいと、松原さんは伝えます。

恋の思い違いがデートＤＶを生む

「突然ですが、好きなひとはいますか？　……手を挙げなくてもいいです」

後半はデートＤＶや性的同意を扱う予定ですが、そのまえに性的多様性に触れ、好きになる相手が必ずしも異性ではないことや、性的な欲求をもたないひともいることを確認します。

さらにデズモンド・モリスの「親密さの12段階」を紹介します。そのうえで、松原さんが質問します。

「付き合いたいタイプの1位ってわかります？　性教育講演会に行くと、男女を問わず毎年1位になるタイプがあります。これ、みんな覚えておいてね。やさしいひとがずーっと1位なの。じゃあさあ、やさしいってなんなんだろうっていうのを、ちょっと哲学だけど、考えてみてほしいんです。相手に尽くして自分は我慢するでいいのかなあ？」

いよいよデートDVの本題に一歩踏み込みました。デートDVとは、恋人同士のあいだで起こる暴力・支配。身体的暴力、精神的暴力、社会的暴力、経済的暴力、性的暴力。すなわち、安全、自由、自信、自己決定が奪われること。「好きなんだから……」「愛しているなら……」が相手に対する支配を正当化する、倒錯した状況下で起こります。

「恋のパワーってすごいからさ、我慢を美しいことって思ったりしてしまう風潮もあるんだけど、そうじゃない。背景に、恋愛に関する思い込みやジェンダー・バイアスが含まれていないかも考えてほしいなって思います」

付き合っているんだったら、そのカレシ・カノジョを最優先しなきゃいけないと思っていないか。カレシ・カノジョに隠しごとをしたらいけないと思っていないか。――これらはデートＤＶに直結します。

恋人がいないひとよりいるひとのほうが偉いと思っていないか。性的な経験が豊富なほうが男が上がるなどと思っていないか。男がおごるべきと思っていないか。女性はか弱いほうがかわいいと思っていないか。性的なことに興味をもつ女性ははしたないと思っていないか。男を落とすには胃袋をつかめ（料理上手になれ）とか思っていないか。――これらは対等な人間関係を邪魔する思い込みです。

・相手が嫌と言ってなかったら性行為もＯＫのサインである。
・同じ相手に、毎回、性行為の同意をとる必要はない。
・交際相手の家に泊まるのは、性的同意をしたこととみなす。
・酔った勢いで、性行為におよぶのはしかたがない。

右記がすべて間違っていることをふまえ、不同意性交罪が施行されたことを説明します。ときに性的同意とは何か。

「たとえば体に触れたり、キスをしたりというところを含めて、親密さの段階を進める前に確認する明確な同意なんですね。このあいだはチューできたけど今回のデートはあかんねんみたいなこともありますので、思い込んじゃダメだよ。それからね、ここまではＯＫでも、その先がOKとは限らないよ。それにほら、テーマパークのジェットコースターでも、列に並んでいて途中で怖くなったらここから逃げていいよって出口あるやろ。途中までは来たけど、やっぱやめるということもあります。そのときには安心して本音が言い合える、対等な関係であってほしいなと思います」

松原さんの語りにもいっそう熱がこもります。

「昔は『イヤよイヤよも好きのうち』なんて言いましたがほんとは『イヤよイヤよはまじでイヤ！』なんです。櫻井裕子さんという助産師さんの言葉です。英語で言えば『No means No』です。でも一方で、『嫌《いや》』と『嫌《きら》い』をまぜこぜにしないでほしいとも思います。嫌だと言われたときに自分のぜんぶが否定されたように思うのはちょっと違うんですよ。そこもわかってほしいです」

性的同意についてのケーススタディー

以上をふまえての最後のグループワークは、カレシAから性行為を求められて毎回気まずい状況になるという女性Bからの相談にどう対応するかというケーススタディー。AもBも自分の大学の同級生という設定です。

すでになんどかのグループワークですっかり打ち解けて、灘生の大胆な発言に、「それはちょっと待って！」と甲南女子大生がストップをかける場面も。灘生たちによる発表では、Bさんにはもちろん Aさんにも配慮した意見が出ます。

「Bさんには一回勇気をもってちゃんと話をしてみたらって言うのがいちばんいいかなと思っていて。それでAさんが理解してくれたら今後のデートは楽しくなるし、もし理解されないようならAさんが悪いので、しゃーないと。次、Aさんに、あんたのカノジョからこういう相談受けたでと言っちゃうと、トラブルになりうるので、最近カノジョとどんな感じなん?みたいに話して、もしかして、Aさんも悩み事を抱えているかもしれないので、聞き出す感じでしゃべれるといいのかなと思っております」

「状況がどの程度深刻かにもよるんですけど、最初の一歩としては、Bさんに、不同意性交罪のことを伝えて、ことの重大さを認識してもらう。Aさんにも実は犯罪ですよっていうのをさりげなく伝えてみたら、もう少しお互い丁寧に話し合えるんじゃないかっていうことになりました」

「自分の話として、最近カノジョができたんだけど、どういうふうに同意をとったらいいのかなっていうのを、先輩に聞く感じでAに言ってみて、そこでAが、『俺、同意なんてとらんで』と言ったら、『それは犯罪ですよ』みたいな。ということによって、よりクリティカルにいけるんじゃないかって話になりました」

授業時間も残りわずか。松原さんはまとめのスライドを映写します。

大切な人と対等な関係でいるために……

- 交際相手との完全な平等は、まずありえないことを認識する
- シングル単位思考（自分は自分、相手は相手）
- 依存しないために、依存先をたくさんつくる
- 2人が居心地のよい状態をつくる（一般論やまわりの価値観に流されない）

完全な平等はありえないので、不均衡を認めつつ常に調整する気持ちが大事。一蓮托生《いちれんたくしょう》ではなくお互いが独立した存在である前提で、それでもともに歩みたいと望んでいると感じられることが大事。誰かひとりに寄りかからない。心地よさは自分で決める。

「10代、20代では自分たちで解決できないことも出てくるので、そういうときには経験豊富な信頼できる大人にうまいこと頼りながら解決していければいいのかなと思います」と松原

さん。

質疑応答の時間に灘生のひとりは「うちの学校で性のこととか恋愛のこととかっていうのはほんとに機会が少なくて、何も知らずに大学生になるのと、０から０・１くらいになるのとではぜんぜん違うと思うので、貴重なお時間いただいて、ありがとうございます」と感謝を述べていました。

ちょっと年上というバランスがいい

以下、授業後に聞いた甲南女子大生の感想です。

「話すのためらうんじゃないか？と心配でしたが、学ぼうとする意欲があるし、話もちゃんと聞いてくれました。少しでも知識がついたことで、彼らの将来に少しは役立てたかなと思います」

「男子目線でワーって言われるのかなと思ったら違いました。思っていた以上に女性のことを考えてくれてびっくりしました。ネットの中には男性の嫌なところや悪い面ばかりが出ていて、そういうものなのかなと思っていたのですが、実際に触れてみて、そうではありませんでした。やっぱりネットの情報は偏っているんだなと感じました」

灘生にも聞きました。

「いつもは男子ノリで話すだけですが、今日はいろいろな意見を聞きながら話すことができました。知識としては知っていることもありましたが、男が頭で考えるだけではダメですよね。目の前に女性がいてくれることで、具体的な議論をすることができました」

「このような知識が世の中に十分知られていないから、お互いにどこまでを前提にしていいのかわからずに、性のことや恋愛のことや生理のことなどを話題にしにくいのだと思います。このような知識をみんなが学んで前提が共有できれば、性や恋愛のことももっと話しやすくなって、結果、みんなの不安も減らせるんじゃないかと思いました」

授業のコーディネートをしたのは公民科の池田拓也さんです。

「なぜ社会科で？という声もありますが、性教育は人権教育だからです。男子校に2〜3歳年上のお姉さんが来てくれることがすごくバランスがいい。同じ年の女性だったらこのような雰囲気にはなりにくいはずです。赤ちゃんと触れ合う授業もやっていますが、こういうのは実は男子校のほうがやりやすい面があります」

池田さんは、もともと公立の共学校で長く教えていた経歴があります。いまでも学校の枠を越えて近隣の学校の生徒たちを集め、地域教育に携わっています。

「共学校だと問いに専念しにくくなることがあるんです。共学校にはジェンダー・バイアスやジェンダー・ギャップも普通にありますし、誰と誰が付き合っているとか、話題が生々しくなりすぎることもあります。もし共学校でやるなら、男子と女子を分けて学年を変えて組み合わせるとか、学校の外のひとを連れてくるとかしないと、客観的な議論は難しいように思います」

松原さんによる講義の内容は、第2章で紹介した講演会の数々と重なる部分が多くありました。そこに、少し年上の女性との対話をプラスした贅沢な授業でした。

昭和女子大に3つの男子校が弟子入り!?

女子大と男子校の組み合わせという意味では、東京の昭和女子大の学生が駒場東邦や本郷、獨協といった男子校を大学に招いて行った取り組みも有名です。コーディネートしたのは、昭和女子大グローバルビジネス学部会計ファイナンス学科の准教授で博士（学術）の小森亜紀子さんでした。

小森さんの研究テーマはジェンダーおよび仕事と家庭に対する意識の国際比較です。1年生の必修授業では「ダイバーシティとビジネス」を教えています。そのなかで伝えているのが、女性の問題は男性の問題でもあるということ。女性の問題を解決しようと思ったら、同時に男性の問題も解決しなければいけないと小森さんは訴えます。

たとえば電通総研が２０２１年に発表した「Ｔｈｅ Ｍａｎ Ｂｏｘ：男らしさに関する意識調査」は、男性の約半数が「最近は男性のほうが女性よりも生きづらくなってきている」と感じていることや、若年男性において、男らしさ規範への共感が高いほどいじめや暴力の被害者にも加害者にもなっていることを明らかにしました。

一方で、経営学や経済学やマーケティングを学んでいる女子大生たちにも無意識のバイアスがある、と小森さんは指摘します。

「上昇婚志向（自分より学歴・収入・地位が上のひととの結婚を望む傾向）なんてやめたほうがいいよと伝えています。あなたたちがいいなと思うような高学歴、高収入のひとは男性全体の何％くらいいると思う？とも」

その何％に選ばれなければいけないと思っている女性も大変ですが、その何％かにならなければならないと思っている男性も大変です。お互いに異性の集団の価値観によって品定めされ競わされる社会構造から脱却しない限り、この状況は変わりません。

女子大においては当然女性にはリーチできるわけですが、男性へのリーチができません。

しかし２０２０年にたまたま駒場東邦と縁がつながり、当時の中１が中３になるまでの３年間にわたる継続的なコラボ企画が実現。多くのメディアに取り上げられました。

大学生がテーマを設定し、授業を進行します。

中１のときのテーマは「ディズニープリンセスの変遷」「ファーストジェントルマン」。ディズニー映画に描かれる女性像の変遷を学んだり、自分が女性大統領の夫になったらどうするか？という思考実験を行ったりしました。

中２のときには、ユニバーサル・デザインやインクルーシブ教育の現状について学んだり、炎上したＣＭをいっしょに見ながら誰もが無意識のバイアスをもっていることを共有したりしました。

中３のときには、「歩み寄る」「男女別学」「仕事と役職」の３つのテーマについて、グループワークやディスカッションを行いました。「仕事と役職」というテーマについては、「もし男子校の先生が全員女性だったら」という状況を設定し、女性に対してどのような配慮が必要か、そのような配慮を前提として、自分が経営者ならどんな制度を用意するかなどを考えました。

駒場東邦での経験をふまえ、２０２３年秋には本郷と獨協という２つの男子校の希望者たちからなる合同チームを大学に招き、「無意識のバイアスについて考える」というテーマでアクティブラーニング型の授業を実施しました。

「駒場東邦の企画は中学生が対象でしたが、本郷と獨協のときには高校生が相手でしたから、体が大きくて、大学生たちも最初はひるんでました。終わってから『男子高校生はちゃんと話を聞いてくれないんじゃないかという無意識のバイアスが自分たちにもあったことに気づいた』と学生たちが言っていたのがおかしかったです」

また、自分がファーストジェントルマンになったらどうするかという問いでは、中学生は「支える」または「自分のキャリアが大事」のような単純な答えが多かったのに対して、高校生は「日本の場合、いちど仕事をやめたらアメリカのように元の仕事に戻ったりできない。支えるけど、リスクヘッジのために、自分は仕事をやめられない」と、現実をわきまえた回答が出るようになっていました。立場を逆転させたとき、自分のキャリアのためにパートナーのキャリアを犠牲にするわけにはいかないともわかります。

この取り組みをどんどんまねしてほしいという意図で、2024年1月にはこの企画についてのワーキングペーパー「女子大学生と男子中学生が一緒に考えるプロジェクト」を昭和女子大学現代ビジネス研究所のホームページで公開しました。

「一時期アメリカでは女子大が減りましたが、いまでは州立大学でも女子大を認める動きがあります。イギリスでも韓国でも成績上位には別学校が多く、別学の教育学的価値が認められていますよね。でも日本では女子大に逆風、男子校にも逆風……。グローバルな視点からは周回遅れに見えます。男子校だろうと共学校だろうと、結局のところ教員がジェンダーについてわかってるかどうかに尽きます」

小森さんは女子大の教員として男子校にもエールを送ります。

「学生を連れて駒場東邦を見学に行ったことがあります。一時期だけでも男子だけですごすって楽しそうだなという感想をもちました。共学校で知らず知らずのうちにジェンダー・ステレオタイプを内面化してしまうよりはよほど冷静に考える機会が与えられると思います」

桐朋で20年以上続く男子部・女子部の共同授業

東京の桐朋学園には、男子部と女子部の２つの中高一貫校があります。それぞれ別の場所にあり、普段は交流がありません。しかし高２の家庭科においては年に１度、ジェンダーやパートナーシップについてともに学ぶ機会を設けています。このときだけ、桐朋が共学校になるというわけです。20年以上の歴史があります。

共同授業は1日だけですが、双方でかなり詳細な事前アンケートをとって、男子部と女子部の結果の違いをそれぞれに分析するなど、何カ月も前から準備します。アンケートの集計結果が出たタイミングで、男子部の授業を見学しました。

まずは一人一人結果を読み込み、次にまわりの友達と意見交換し、さらに班に分かれて議論して、最後に班ごとに発表します。家庭科の中山めぐみさんは、近所のお姉さんのようなフランクな話し方で、生徒たちと対等に議論したり、質問したり、意見したりして、さらに生徒たちの素直な意見を引き出します。

自分の直感的な感想を言語化してみることで「あれ？　俺、いまおかしなことを言ってるかも？」と気づけます。ときどき極端な意見が出ると、生徒のあいだから「それ、女子がいたら言えないやつ！」とツッコミが入ります。

アンケート結果を見ると、男子校・女子校でよかったという答えが圧倒的多数です。また、結婚相手からどうしても姓を変えたくないと言われたらどうするかという問いに対しては、「相手の姓に変える」と「自分が通称を用いる」を選択した合計が、女子部生徒で92・7％、男子部生徒でも71・9％いました。

班ごとの発表では、「ライフスタイルに関するところでは、男女のニーズがほぼ一致していたと思う。生理についてはぜひ聞いてみたい」「仕事に求めることも聞きたい。アンケート結果は男女で近かったけれど、思考の過程が違うかもしれない」「家事・育児の能力について、僕らの両親は何十年も役割分担してきたから能力に差ができてしまったと思うけれど、いまの段階なら能力差はないはず」などの意見が出ました。「愛とは何か？について議論したい」という意見に対してはすかさず「時間が足りないよ！」とツッコミが入ります。

中山さんは「いまの生徒はジェンダーのことをよくわかっています。前提が変わってきているのを感じます」と教えてくれました。

スクールカーストはつくり話だと思ってた

そこから約２カ月後、女子部の生徒12人が男子部を訪れました。お迎えするのは男子部の希望者19人です。男子部からは中山さんを含む２人の家庭科教員と１人の家庭科助手、女子部からは２人の家庭科教員が参加します。

「ジュースとおやつを用意しておいたので、好きなものを持っていってください」と、軽く全体の顔合わせをしたあとは、４つの班に分かれて90分間のディスカッション。私は１つの班に張り付くことにしました。

簡単な自己紹介が済むと、「いくつか議題を用意してきたのですが、盛り上がりやすい話題からいきましょうか」と司会の男子部生徒がゆるく会をスタートさせます。まずは男女別学について。

高校から桐朋男子部に入った生徒は「男子校のクラスの中のフレンドリーさにカルチャーショックを受けた」と証言します。中学から男子校だった生徒は「スクールカーストって小説のなかだけの話かと思ってたら、ほんとにあるんだと教えてもらってびっくりした記憶がある」と応じます。

「性別に関係なく、自分の個性が出せる」「性別1つしかないもんな」というやりとりにはすかさず「生物学的な性別な」とツッコミが入ります。1学年に数百人いれば、確率的には性的多様性も必ず存在します。たぶんそうなんだろうなという雰囲気の生徒も、実際まわりの目を気にせずにのびのびすごせているのが桐朋の校風だと、男子部と女子部の意見が一致しました。

女子部からは「重いものは運動部の子が持ったりしてるけど、共学だったら男子が持ってくれそう」との発言。それに対して「男子部でも力がないやつはへいこらやってるよ」と、性別に関係なく力持ちが重いものを持てばいいという方向になんとなくまとまります。

そろそろ次の話題というところで、司会がためらいを見せました。「ねぇ、どうする？　これ、爆弾だよね。爆弾はあとにしようか？」「いや、こういう場だからいいんじゃね？」と、にわかにざわつく男子部生徒たち。女子部生徒はキョトン。「じゃあ、行っちゃおう！　生理について聞いてもいいですか？」。

女子部生徒が落ち着いた様子で「それは私たちにとってはそんなに爆弾じゃないから、ぜんぜん大丈夫」と笑うと、男子部生徒たちはちょっと大げさに「ふーっ」と息をつきます。それを見た女子部生徒たちがまた笑います。

男子部　姉がいて、ときどきイライラしてるんだけど、そういうときは母親が、いま生理だからそっとしておいてあげてとか言うから、なんとなくわかる。

女子部　それはすごい。お母さんすごい。

男子部　うちの姉は、そういうとき、暴食してるけど、そういうもの？

女子部　食べてごまかすというのはあるけれど、結構それって、生理を言い訳にして食べているだけのことも多いと思う。いつも食べたいけど、我慢しているから、生理のときだけ特別って。

男子部　食べて解決できるの？

女子部　個人差がありすぎて、わからない。生理が来てもぜんぜんいつも通りってひともいるし、先生から聞いた話だけど、以前、おなかが痛すぎて、毛布にくるまって床に寝ながら授業を受けていた生徒もいたらしい。

女子部　私の場合は、自分に厳しいタイプで、生理を言い訳に怠けたくない……みたいな。もしかしたら体はつらいのかもしれないけど、それに精神が勝っているので。でもそばで心配しててほしいという気持ちもある……。

男子部　言い訳にはしたくないけど、頑張りすぎないでって言ってほしい、みたいな？

女子部　あ、そうそう。

男子部　わかりにくいところだよね。

女子部　めちゃめちゃめんどうくさいと思う。

女子部　逆にみなさんはそういった話題に対して気を遣いたいと思いますか？

男子部　男子は意外と、男性関連の下ネタはさんざん言うくせに、女性をネタにするような下ネタは絶対にやめようという暗黙の了解があるよね。

男子部　うん、うん。ある、ある。

男子部　上の世代が結構、男女差別的なことをやってきたわけじゃないですか。たぶんその反動で、そういうところ大事にしなきゃいけないというマインドが、結構僕らのなかにはあると思ってます。

自分たちの世代で社会を変えてみせる

その後、結婚相手に求めるものは外見か内面か、男性は女性におごるべきかについて議論したあと、「ねぇ、そろそろポッキー食べない？」と男子部生徒が提案します。何種類かのポッキーを開けて交換し合って、なんだかとても楽しそう。話題は、職場での男女平等をどう実現するか、へ。

男子部　男女の賃金差がまだまだ大きいというデータがあります。女性の賃金がどうして低いのか気になります。

男子部　前例がないから、女性は組織の上に行きにくい？

男子部　能力の高さじゃなくて、出産などで職場を離れること自体が出世において不利になる構造はあるんだろうね。

男子部　英語の長文で、そういう話あったよね。俺、課題解かないで読んじゃうタイプだから。

女子部　出産や育児で勤務時間は制限されたりする。仕事だけやっている時間は男性のほうが多くなる。
男子部　でも育児は男性でもできるよね。
男子部　俺もできるよというマインドを、俺らが示すのが大事。
女子部　私たちの世代にはそういうマインドが浸透しているよね。
男子部　俺らの世代がそういうマインドを示しても、上の世代の反応が問題だよね。世間では育児は女性の役割という思い込みが強いから、その目を気にするひともいるだろうね。
男子部　自分たちがこのままの気持ちで上の世代になったとき、変えられるかも。そしたら下の世代に育休とっていいよって言ってあげられる。
男子部　僕たち（男子部・女子部を含めた桐朋生）、まわりの目とか気にしないから。
女子部　うん、うん。
　全体会の2分前にピタッと議論を終了。「あぁ〜、面白かった！」と言いながら各々席を立ち、全体会に向かいました。意識の高い生徒たちが集まっているという前提ではありますがそれにしても、未来は少し明るいのかもと思わせてくれるセッションでした。

女子中高生が男子校で生理の出張授業

品川女子学院中等部・高等部（以下、品女）には「ＣＬＡＩＲ．（クレア）」という有志団体があります。女性の生理についてのタブー視をなくすことで、最終的には性別を超えてお互いが尊重・理解できる社会を目指す団体です。

活動の一環として、男子校への出張授業を行っています。過去には開成、芝、本郷、攻玉社での授業実績があり、今回、獨協での授業を見学しました。

最初の約30分間は品女生による講義。月経のメカニズムやそれにともなう心身不調への対処法を説明するだけでなく、なぜ女性の生理がこれまでタブー視されてきたのかについて、歴史的・文化的な考察がなされていることがユニークでした。

次に班ごとに分かれて、５種類の生理用品のパッケージを開け、実際に触りながら使い方のレクチャー。絵の具で赤くした水を吸い込んで膨らむタンポンを見て「うわっ！」と声を上げる獨協生もいます。

さらに、生理で体調不良を訴えている女性に対してどう振る舞うべきかをケーススタディするため、ロールプレイが行われました。レクチャーで学んだことをヒントに、獨協生が即興の対応を求められます。

たとえば「学校で、クラスメイトが具合悪そうにしている」という設定。要するに、束の間の共学校シミュレーションです。

女子生徒　あぁ、おなか痛い……。
男子生徒　えっ、大丈夫？
女子生徒　ちょっといま、生理来てて。
男子生徒　あぁ、ほんと……。
女子生徒　しんどいんだよねぇ。
男子生徒　なんか、飲み物とか、ほしいものある？
女子生徒　えっ、お願いしていいの？
男子生徒　うん。
女子生徒　じゃあ、温かいものお願いしていい？
（机の上に置かれているたくさんのもののなかから、「ココア」と書かれた紙コップを選んで持っていく）
男子生徒　じゃ、ココア、買ってきたから。
女子生徒　うわぁ〜、ありがとう！　めっちゃほしかった、いま。ありがとう。

獨協にて品川女子の生徒による生理の授業

男子生徒　どういたしまして。
女子生徒　もうちょっと欲を言ってもいいですか？　もうちょっと暖かくしたいから、暖をとれるものを持ってきてくれない？
男子生徒　あぁ、オッケー、オッケー！　わかった。暖とれるものね。
（また探しに行く）
男子生徒　カイロと毛布があった。
女子生徒　サイコー！　ありがとう！
そのほか、自宅で妹から「生理でおなかが痛いから、何か買ってきて」と頼まれた状況や、テーマパークで遊んでいるときに女子の友達の服が経血で汚れてしまったという設定でのロールプレイが行われました。
終了後、獨協生たちが何かをつかめたような表情をしていたのが非常に印象的でした。月経のメカニズムについては知っていたかもしれませんが、いざというときに、具体的に何をしたらよくて、何をしてはいけないのかを知る機会はこれまでほとんどなかったことでしょう。その原理原則がつかめたようです。その自信がもてれば、さらに知識を得て、相手を理解しようという気持ちも強まるはずです。

部活や生徒会活動で女子と協働

全国の男子校を対象に行った独自アンケートの結果によれば、男子校であってもなんらかの形で他校の女子との交流をもっているケースは、いまではまったく珍しくないようです。

まず部活において女子校や共学校との合同練習のような機会は頻繁にあります。また、生徒会や委員会活動でも昨今は学校の枠組みを超えた交流が盛んなようで、地域によっては、男子校・女子校・共学校を問わず、男女がともに活動するのが当たり前になっています。

さきほどの獨協と品女のコラボ企画でも、獨協からは生徒会活動に携わる生徒が多く参加しており、彼らは実は女子と協力してプロジェクトを進めることにも慣れていました。獨協は、ドイツのギムナジウム（日本の中高一貫校に相当する教育を行う進学校）との交流も盛んで、ドイツから研修旅行で来校する女子のホームステイを受け入れることもあります。

そのほか、たとえば栄光学園には、同一法人の上智大学主催の研修プログラムがあり、共学の姉妹校や大学の女子学生とともに学ぶ機会が随時あります。姉妹校同士の合同研修もあります。近隣の女子校と合同で、有志によるボランティア活動も行っています。

栄光学園の姉妹校のひとつで、広島にある男子校の広島学院では、やはり近隣の女子校と合同でボランティア活動を行っています。

同じく広島の修道のインターアクト班という部活では、子ども食堂のお手伝いなどのボランティアを継続的に行っています。活動の一環として、女子校を含む他校との合同研修やミーティングを定期的に開催しています。

神奈川にある逗子開成は鎌倉女学院と合同のスピーチコンテストを毎年実施しています。

東京の巣鴨の教員が中心となって行われている「ダブル・ヒーリックス：トランスレーショナル・メディスン」という国際医学教育プログラムには、鷗友、南山女子などの女子校を含む８校が参加しており、男子校・女子校・共学校の男女がともに学んでいます。

京華は、京華女子および共学の京華商業高校に隣接しており、合同で活動する部活が多数あるほか、英検講習や海外研修など合同で行うプログラムもあります。

塾が、女子との定期的なふれあいのチャンスになっている場合もあります。

四六時中教室の中で同じ空気を吸うわけではありませんが、いまの時代、男子校であっても、同世代の女性とかかわりをもつ機会は、本人さえ手を伸ばせば届くところにあるのです。男女共同での活動の目的が恋愛テクニックを磨くことでないのはいうまでもありません。男女共同参画社会において肝心なのは、恋愛や結婚の対象ではないひとたちともそれぞれの違いを認めつつ対等な関係性を取り結べるかどうかです。

その目的において、部活、生徒会、ボランティア、あるいはプロジェクト型学習などの機会に、普段は生活をともにしていない男女が〝友達〟とは違う適度な距離感を保ちながら協働して企画を推進する経験を積むことには、直接的な効果を期待できるのではないでしょうか。部活や生徒会活動は生徒主導で、プロジェクト型学習のような機会づくりについては学校主導で、ぜひ積極的に取り組んでほしいと思います。

いくつもの男子校と女子校が相互に協働学習するネットワークができれば、男子校のアキレス腱（18ページ参照）もだいぶ補強されるはずです。昨今、首都圏の私立中高一貫校においては、大学との提携による高大接続や、企業との提携によるキャリア教育や、海外の学校との提携によるグローバル教育などがアピールされがちですが、もっと足下で、男子校と女子校の提携が話題になってもいい気がします。まっとうなジェンダー感覚をもつことは、これからの社会を歩んでいくうえで、プログラミング技術や英語力を身につけることよりもよほど優先順位が高いはずだからです。

女性になって戻ってきた教育実習生

男子校という環境について、かつての私の本では「男子のみの環境で……」とか「異性がいない環境だから……」とか「性差が存在しない環境では……」などという表現を使ってしまっていましたが、無知だったと反省しています。

さまざまな調査結果をふまえれば、男子校の1学年のなかにも必ず性的多様性が存在します。ゲイもトランスジェンダーもいるはずです。いまでは「女子のグループが形成されない環境」という言い回しを使うようにしています。

某男子校では、卒業生が女性として教育実習にやってきたこともありました。在学中をふりかえると思い当たるふしはあり、職員室の面々も特段驚きはしなかったそうです。生徒たちも、最初の授業での対面時こそ若干の動揺が見られましたが、すぐに事情を理解して、女性の教育実習生として接していました。

「トランスジェンダーのひとは、性自認に従って生きると決めたときに過去の人間関係をリセットするケースも少なくないようですが、彼女は同級生たちと付き合いを続けていますし、卒業生のイベントにも参加してくれます。この学校がそういう場になれていることはうれしいなと思います」とその学校の教員は言います。

そのほか、独自アンケートにはさまざまな学校から次のような回答がありました。

「卒業後に『やはりそうだったんだ』という形でわかることもありますし、あるいは教えてくれることもあります。当時は言い出せなかったのだと思います」

「中1からそういう傾向が見られましたが、高3になって、男子トイレの利用と教室での着替えに堪えられなくなったと担任に相談があり、着替えやトイレに保健室を利用してもらって対応したことがあります」

「トランスジェンダーのひとの出願があり、合格し、入学しました。職員たちが研修を受け、具体的な対応について話し合いました」

「ある生徒がほかの生徒に恋愛感情をもち、複数の生徒がその生徒に対して恋愛感情をもったことがありました。これによって生徒の人間関係が複雑になり、教員が介入する事態に発展したことがあります」

「入学後、トランスジェンダーであるとわかった生徒はこれまでに複数います。それぞれの生徒で対応内容は異なりますが、担任・学年会を中心に当該生徒ならびにその保護者とよく相談し、トイレや更衣室その他、できる限りの配慮を行い、当該生徒の学校生活が円滑になるようにしました。必要に応じて周辺生徒に説明し理解を求めることもありましたが、クラスメイトは概ね受け止めてくれていたと思います」

「卒業後の性別変更を希望するある生徒・保護者から、通称名や学籍簿上の名称変更について相談されたことがあります。本校は学籍簿については戸籍名を採用しているため、法的に性別変更ができない生徒の名前については変更できませんでしたが、クラスの名簿や卒業証書など通称名については、本人が希望する女性的な名前に変更したことがあります」

制服がない男子校では、スカートをはいて通学する生徒もときどきいます。卒業式にスカートをはいて参加し、それをカミングアウトの機会にした生徒もいます。

また、ひとにはよるのでしょうが、トランスジェンダーのひとたちから、「男子校（あるいは女子校）だったから、男と女に分けられる場面がなかったことは、むしろ余計なストレスを感じないですんだという意味でよかったのかもしれない」という意見を聞いたこともあります。

トランスジェンダーへの対応について、「そのような場面に直面したことがない」という回答も複数ありましたが、確率的に考えて該当する生徒が存在していないわけがありません。そのような生徒の存在がまったく見えてこないなら、どこかに独りで苦しんでいる生徒がいるかもしれないと考えるのが筋です。

無重力空間としての男子校

この章では、いまどきの男子校の生徒が必ずしも男子だけの世界に閉じこもっているわけではないことを見てきました。本人さえその気になれば、部分的には共学の状態を経験できます。そういう機会があることによって、いつもの教室の中にいる自分と、そうではないときの自分の違いに気づくこともできます。

共学校でも、部活などで男女別になる場面はあるとは思いますが、そういう機会をもっと別の場面でもあえて設定することに、もしかしたら教育的な意味があるかもしれません。普段共学校に通っている生徒でも、ときどき男子校に交じってみたり、女子校に交じってみたりという経験をしてみるのもいいのではないかと思います。

いわば「男子校留学」「女子校留学」ですね。

そうすれば、異性のグループが形成されない環境において自分がどんな気分になるのかを経験できます。それは逆にいうと、共学の教室の中にいる自分にいつもどんな力が加わっているのかを客観視する視点を得ることにもなります。

実際、中学までは共学で高校から桐朋に入った生徒たちが、男子校の空気にカルチャーショックを受けたと語っていたのはさきほど触れたとおりです。男と女という雑なくくりでざっくりと二分されることがないからこそ、一人一人の個性という意味での多様性に敏感になれて、だからこそ他人を尊重して干渉しない自由な空気ができているのだと、彼らは分析していました。

たとえてみるならば、無重力体験みたいなものです。無重力状態で自分がどんなふうになるのかを実際に感じてみることで、ふだん地球上で当たり前に感じている重力の存在を初めて相対化できるのと同じです。無重力状態だからこそ、自由な半面、暴走が止まらない。それが、異性のグループが形成されない環境のリスクだと表現することも可能です。

次章では、男子校という特殊なフィルターを持ち出すことで期せずして浮かび上がってきた、世の中の側にある偏見について論じてみたいと思います。

第5章　世間の反応に見えるバイアス

コメント欄に集まった無知と偏見

第2章から第4章までで、男子校各校における性教育およびジェンダー教育の実例を見てきました。外部講師を招いての特別講義の形をとるものから、教員による教科授業の枠組みのなかで行われるもの、そして女子大や女子校とのコラボによるものなどがありました。テーマとしては同じような内容を取り扱っていても、生徒にとってはそれぞれ別の意味をもつのではないかと思われます。

実はこれらの実例の一部を、2023年8月からJBpress（ジェイビープレス）というウェブメディアに実況レポート風の記事として月刊連載していました。本書のための取材を進めながら、取材したそばからとれたての情報をオンラインで配信していたのです。紙幅の関係で書籍では割愛せざるをえない、生徒たちの生き生きとした表情や教室のムードをどこかで表現しておきたかったからです。

そのなかでちょっとした事件が起こりました。

本書では第4章に掲載した、灘の高校生と甲南女子大の学生が生理や性的同意についてディスカッションする授業の実況レポート記事がYahoo!に転載されると、コメント欄や

SNSに大量の書き込みがつきました。

炎上とは違います。取り組みの意味を理解して評価する好意的なコメントが大半でした。しかし「男子校×女子大生×性教育」というキーワードに反応した一部のひとたちが、妄想大喜利のようなウケ狙いのコメントを書き連ねたのです。

「これは灘高性、胸と股間が熱くなりすぎるのでは」

「なんというエロ漫画的展開」

「甲南女子大のお姉さんと性的同意できた？」

「灘校ではなく、女子大生のほうが発情してそう」

……と、こんな具合です。まさに「バカとエロの大縄跳び」です。「バカとエロの大縄跳び」とは、ホモソーシャルな環境で、バカ話やエロネタで盛り上がり、その輪にうまく加われないと仲間に入れてもらえない状況のこと。作家の白岩玄氏による秀逸なたとえです。

これらの書き込みをしたひとが本当に男性ばかりなのかどうかはわからないのですが、少なくとも見た目には、女性蔑視と学歴コンプレックスにまみれた、いかにもホモソーシャルな盛り上がりといって差し支えはないでしょう。

当人たちはウケ狙いなのでしょうが実際にはなにも面白くなかったために、記事の内容よりもコメント欄やSNSの書き込みが悪目立ちして、各種メディアで大きく取り上げられる事態に発展しました。私は著者としていくつものインタビューに応じましたし、普段は極力出演しないテレビにも出演しました。

「女子SPA！」の見出しは「超エリート灘高生が女子大生と学ぶ性教育を、ネットで〝合コン〟と揶揄。背景に『男子校への偏見』か」です。

この記事で「SNSでは、この取り組みを揶揄する投稿に、実際に授業を受けた灘高生が皮肉をまじえて苦言を呈する展開も見られた。結果、投稿した側の幼稚さがさらに際立った」と当時の様子を描写してくれたのは、『女医が教える本当に気持ちのいいセックス』など性に関する書籍の出版に編集協力者としてあるいは著者として多数かかわっている三浦ゆえさんです。以下はその記事に掲載された私のコメントです。

「男子校の中も女子大の中も、いまどきの性教育も、どれも実際に見たことがない人が多いので、妄想が3乗ぐらいになってふくらんじゃったのでしょう」

「子どもたちがこんな授業をしていると知るやいなや、幼稚なところがあぶり出された大人がいる。その人のなかにある思い込みや、気づいてないことが可視化されたってことですよね。だからどんな反応でも、うれしく読みましたよ」

「女性自身」の見出しは「『気持ち悪すぎる』灘高の『性教育講義』を揶揄した大人たちに批判殺到…現役在校生も反論」です。「気持ち悪すぎる」はもちろん「灘高」にかかっているのではなくて「大人たち」にかかっています。

「ダイヤモンド・オンライン」の見出しは「『おっさん達がはしゃいで若者にセクハラ』灘高生と女子大生の性教育を茶化す、恥ずかしい大人たち」です。

「週刊金曜日オンライン」の見出しは「『名門男子校』のジェンダー教育を嘲笑する年長男性　揶揄自体が教材にも」です。

私も緊急生出演した「ＡＢＥＭＡヒルズ」というネットのテレビ番組の内容をまとめた「ＡＢＥＭＡ　ＴＩＭＥＳ」の記事タイトルは「『灘校生と合コンできて甲南女子大生はウキウキだろうな』…灘×甲南女子の性教育議論への揶揄はエリートへの嫉妬？　教育ジャーナリスト『逆接的にこういう教育の必要性が強調された』」でした。

誰がバカとエロの大縄跳びをしているのか？

灘のこの記事に限らず、ほかの連載記事についても毎回多かれ少なかれなんらかの揶揄するようなコメントがつきました。なかには「コメント欄をぜんぶ読んで、なんでこうなるのか考えること」を宿題にした学校もありました。ある教員は「こういうことを当事者として経験するのは初めてだったので、たいへん勉強になりました」と言っていました。

ただし、このような書き込みをしたひとたちが「おっさん」「年長男性」ばかりと決めつけるのもまた無意識のバイアスだろうと思います。実名でプロフィールを明かしているアカウントでない限り、投稿者の本当の属性はわかりません。

また、男子校を揶揄する書き込みを男子校関係者が書くことはむしろ考えにくい。ではどんなひとがどんな気持ちで「バカとエロの大縄跳び」のような書き込みをするのかに、俄然興味が湧きました。

男性のあいだで「バカとエロの大縄跳び」が生じるメカニズムについては学術的な説明がすでになされています。以下、『男性のジェンダー形成』などの著書がある教育学者の多賀太さんが2005年に「教育学研究」に発表した「教育における『男性』研究の視点と課題」の内容をふまえて、私なりの解釈で説明します。

男性優位の競争社会では、学業やスポーツといったフォーマルな競争で成果を出せない男性が反学校的な非行文化すなわち〝バカ〟を演じることによって自己顕示する傾向があります。また〝エロ〟を強調することは自分が異性愛者の男であるアピールとして機能します。

多くのひとの心にいつのまにかインストールされている「異性愛規範」については第6章で説明します。

これはいわゆる「男らしさ」にまつわるジェンダーの問題です。自分の男性性に不全感を抱いている男性ほど、バカとエロの大縄跳びから抜け出せないということです。

不全感を解消するには、２つの方法が考えられます。１つは、自分が〝男のなかの男〟だと証明することです。学業やスポーツあるいは仕事において競争に勝ち続け、なおかつ実際に女性からモテて、かつそのことを対外的にアピールすることです。もう1つは、そういうものを〝男のなかの男〟だとする偏ったジェンダー観から抜け出すことです。

前者を選択して目的を達成できるのはごく一部の〝勝ち組〟男性のみです。社会を変えるには、後者を選択すべきであることは言うまでもありません。そのために、第3章で紹介したように、男子校の教員たちは「男らしさ」のくびきから生徒たちを解放しようと、あの手この手を尽くしているのです。

なお、イギリスの学校における男女の振る舞いの違いに注目して著された『男の子は泣かない』（１９０ページ参照）によれば、男子同士のこのような地位競争は男子校において顕著であるとのこと。共学校では日常的に女子との差異によって自分の男性性を確認できるのに対して、男子校では男性内で自分の男性性を確認しなければいけないからです。

共学校ではむしろ女子の存在自体が男性に優越感を与えている可能性が指摘されています（平均的に精神年齢が高い女子の集団による冷ややかなまなざしが、男子たちの暴走にはどめをかけている可能性もあると私は思いますが）。バカとエロの大縄跳びが表面化しにくいからといって、女子を見下すことによってもたらされる安定は健全でしょうか。これについてはのちほど第6章で詳しく論じたいと思います。

エリート男子にこそ性教育という発想の危険性

女性の講師や教員が性やジェンダーについて授業を行うことに、「フェミニスト」や「洗脳教育」とレッテルを貼る書き込みもありました。

授業では、男子生徒たちが内面化してしまいがちな「有害な男らしさ」と呼ばれるたぐいのジェンダー・バイアスを自覚させ、そのままでは苦しいから早くそこから抜け出してほしいというメッセージを発しているのに、男子生徒たちのジェンダー・バイアスを糾弾しているかのようにとらえてコメントしているひとたちも散見されました。

女子大学生や女子高生が男子中高生に性やジェンダーについて語ることに対しても、「女である自分たちにもっと気をつかえ」とプレッシャーをかけられているように感じた読者もいたようです。「男」と「女」という概念を対立的にとらえており、女性の権利を認めることがすなわち自らの権利を手放すことにつながるのではないかという恐怖に囚われているように見えます。

少なくとも記事のなかで、講師や教師が生徒たちに「こうしろ、ああしろ」と行動や価値観を押しつける場面は描いていません。実際ほとんどありませんし、主観的だと受け止められる可能性がある場面は記事にはしていません。それなのに、自分を含めた「男」という概念が攻撃されていると勝手に感じとって、つい反論・批判してしまうのでしょう。

女性のものとおぼしきアカウントが、このような取り組みに対して否定的な書き込みをすることも当然あります。記事中のジェンダー観に賛成できない場合もあれば、性的なことについてオープンに話題にすること自体に抵抗感を覚える場合もあるようです。

ジェンダーとは別の文脈で気になるコメントも多々ありました。

たとえば灘中高と甲南女子大学の偏差値の違いに着目して、「話がかみ合わないいんじゃないか」という指摘がありました。学力が違うと話がかみ合わないという意見はときどき聞く話ではありますが、それも思い込みではないでしょうか。

そもそも日本は、国際的に見て学力水準の高い国です。学力の分散も特別大きくありません。それでも偏差値を算出すれば、10や20という差がつくられます。どんなに学力差が小さくてもその差を拡大して可視化するのが偏差値という数字の役割だからです。

偏差値が10や20違うからといって話が通じなくなってしまうようでは、社会は成り立ちません。学力の違いがあるから話がかみ合わないのではなくて、そもそも興味の対象が違うだけではないでしょうか。

学術や政治・経済について興味があるひとたちは学校のテストでいい点数をとりやすい傾向があるのだと思います。もともと優秀な官僚を全国から中央に集める目的で、日本の学校制度や入試制度が東大を頂点として設計された歴史的背景があるからです。そういうことに興味・関心が高いひとたちと、スポーツや芸能に関心が高いひとたちとでは、出会い頭《がしら》には話がかみ合わないのは当然です。話題にしたいトピックが違うからです。どちらが上とか下とかいう問題ではありません。

また、灘のようなトップ進学校でこそこういう教育が必要だという意見も目立ちました。将来社会の指導的立場に立つひとが多いからという理由です。私が出演したテレビ番組のコメンテーターも、某男子校で講演をした講師も、某男子校の教員も、何の悪気もなくそう言っていました。

でもその考え方は危険だと私は思います。しょせん社会は一部のエリートが牛耳っているのだという寡頭政治的思想を支持してしまうからです。そもそもジェンダーにまつわる世の中の空気って、一部のエリートがつくれるものなんでしょうか。みんなでつくるものですよね。だからみんなにこういう教育が必要なんだと思います。

大人が思う「正解」を押しつけてはダメ

連載記事への反響には、もちろん鋭い指摘もありました。こういう観点が抜けている。そういう考え方もあるが、別の考え方もあることも説明すべき。こういう表現を使うと誤解を招く懸念がある。などなど。

多くの場合は、教員たちもそこをわかったうえで、教科の枠組みや授業時間などの制限のなかで、生徒たちの様子も見ながら、伝えるべきメッセージに優先順位をつけて、そのときどきに適した表現を選んで授業を行っています。

ある教員は、「性教育やジェンダー教育は本当に難しい。一応男子校ということで、ある程度ターゲットが絞れますからやりやすい面はありますが、当然生徒のなかにはトランスジエンダーもいますから、男子だけという前提で話すわけにはいきません。表現については細心の注意を払っているつもりですが、それでも今日の授業のなかでも、たとえばテレビのようなところで口にしたらダメな表現が含まれていたかもしれません。教員と生徒の日ごろの信頼関係があるからこそお互いの足りていない部分は補い合うことでようやく授業が成り立つのであって、どこへもっていっても通用する100%の授業なんてありえません」と言います。それはどんな教科の授業であっても同じだと思いますが、特に性やジェンダーについては正解がありません。みんなが試行錯誤している段階です。

ある学校の取り組みを紹介した連載記事について、「私はあそこのくだりはちょっと違う考えをもっています」と、別の学校の教員が正直に教えてくれたこともありました。どこまでが生来的な性差でどこからが社会的に構築されたジェンダーなのかということに関しての解釈の違いです。このような教育に積極的に取り組む教員のあいだにも考え方の違いは大きいのです。それで当然だと思います。

また、人権教育にとても熱心なある教員は「人権課題や差別の問題を扱う際に絶対に避けなければならないのは、大人が思う『正解』を押しつけることです。これを『上からの人権教育』と私は呼んでいます。憂慮すべき事態ですが、私が見たところ、人権課題を扱う多くの教育活動が規範の押しつけの域を出ていません」と指摘します。自校でかつて行われていた外部講師を招いての講習会で、男性の特権性や加害性にばかり焦点が当てられて、あとから生徒たちの不満が噴出したというのです。

その講師が話してくれたことは、社会的にはおそらく正論だったはずです。しかしまだ恋の経験もない子どもたちをつかまえて、君たちは加害者になる可能性があると脅すのは、教育的コミュニケーションとしては乱暴だったのでしょう。「おまえは泥棒だ」と言って育てれば泥棒に育つという有名な言葉があります。だとすれば「男は暴力的で無責任だ。自覚しろ」と言って育てればどうなるでしょうか。

「良かれと思ってやった教育活動が実は逆効果にもなりうることを、私たちはもっと自覚すべきです」と、その教員は訴えます。

それでもたぶん彼らなら、講習会のアンケートで「たいへん勉強になった」に○をつけ、感想欄には〝ＳＤＧｓ〟的に正しいことをいともたやすく書けてしまうはずです。それは、せっかく純粋な彼らの内面を本音と建前で区切り、本音を変化しがたいものに固着させてしまう危険性をともないます。

男性の特権性や加害性への気づきと同時に、「男性も生きづらいよね」「男性も被害者だよね」という男性学の知見もバランス良く伝えないと、子どもたちの心の中には入っていかないというのが、その教員の現場感覚です。

学校として、生徒を加害者にしたくないというリスクマネジメント意識が強いと、つい上からの人権教育になってしまうのかもしれません。セクハラやパワハラの問題を起こしたくない企業が行うハラスメント研修と同じです。先の教員が警告します。

「その意味で、黙って話を聞いてくれる生徒や学校ほど危険です。あれもこれもやってはいけないと規範を押しつけられ、かつ、自分の本音は変わらないという状況だと、ネットなどの匿名の空間にもぐって差別行為を行うひとを育てることになります」

これが灘の記事につまらないコメントを書き込んだひとたちかもしれません。普段社会生活を営むうえでは常識的なひとで通っているのかもしれません。

ジェンダー教育や包括的性教育のあるべき姿を議論するうえで、欠かしてはいけない視点だと思います。専門家には専門知識があるでしょうが、生徒たちの心に響くメッセージの届け方は現場の教員のほうが知っているはずです。そこをどうミックスしていくのかが今後の課題になってくるでしょう。

「先生、カノジョいる？」にどう答える？

他校の教員も似たようなことを言っていました。

「10年くらい前までは授業でジェンダーを扱うと大きな反発を感じましたが、経験を積むうちに、彼らにその必要性を腹落ちさせる方法がわかりました。人権問題みたいな切り口から入ると、まだ価値観が不安定で精神的にも未熟さが残る彼らには受け入れにくいんです。女性は差別されてきたとかいう正論から入るのはダメ。俺たちだってとか、逆差別だとか言い出して、頑なにさせてしまって、逆効果です。正論に固執せず、視点を男子の側においてあげて、経済合理性に訴えたり、自分の子どもにしわ寄せがいくと説明したりしたほうが、自分のこととして聞いてもらえます」

正しいことをそのまま伝えてそれで教育が終わるなら、教科書を読むだけで授業が終えられます。そんなことはありえないと、現場の教員たちはみんな知っています。

ある男性教員は、「先生、カノジョいますか？」と聞かれたときはチャンスだと言います。何の悪気もなく異性愛規範を前提にした質問であり、そのことに気づいてもらうチャンスだというのです。「なんでカノジョだと決めつけるの？　カレシかもしれないじゃん」とにこやかに答えます。生徒たちも瞬時にその意図を理解します。

もしそこで教員が「それは異性愛規範のバイアスです」と鬼の首を取ったような受け答えをしたら、たとえ正論であっても生徒たちの心には響かないでしょう。ジェンダーやセクシュアリティって面倒くさいという強烈な印象を、生徒たちの心に刻みかねません。

教室で生徒たちが下ネタで盛り上がっていたら、それをスルーしないと決めたという教員もいました。とても大切なスタンスだと思います。でももっと大切なのは、どうやってその間違いに気づかせるかです。

もし下ネタで盛り上がっていた生徒たちをその場で激しく糾弾してクラスメイトの前で恥をかかせたとしたら、おそらく当該生徒たちは反省するより反発するでしょう。その場では教師という権力に従う姿勢を見せるかもしれませんが、見えないところで下ネタを言うようになるだけです。

誰が見ても正しい正論を言うことは、誰にでもできます。でもそれでは単なる自己満足。間違いに気づかせる方法は、説教以外にもいろいろあるはずです。

女性非常勤講師の授業が荒れる理由

またある男子校では、専任の男性教員が、「私は『力（暴力ではない）』で制圧するタイプなので授業が荒れることはないのですが、別の先生の授業では荒れてしまうことが多いので、何が違うのかを分析してみました。荒れてしまうのは決まって女性の非常勤講師の授業なのです。そのことを生徒たちに話したら、いちばんうるさかった生徒が『あっ』とショックをうけていました。自分たちがもっているバイアスに気づいてくれたのでしょう」と教えてくれました。これも素晴らしい視点と指導です。ただしこのエピソードには気になる点もあります。

専任の男性教員というある意味での特権的立場を利用して生徒をコントロールした場合にそのしわ寄せが特権をもたない女性の非常勤講師の授業に出てしまうということは、多くの学校現場で見られる現象なのです。その男性教員こそが、弱い立場の教員の授業を荒らす下地をつくっているのかもしれません。

前出の「教育における『男性』研究の視点と課題」という論文から引用します。

> 「力の強い」男性教師による権威主義的な方法で学校内の秩序維持をはかるのは仕方のないことなのかもしれない。しかし、そうしたやり方は、結果的に学校内の男性支配をより強固なものとし、「男らしさ」と「力」との意味の結びつきをより強めることにつ

ながる。女性教師や女子生徒の地位は低められるとともに、「思いやり」「協力」などは「女らしさ」と結びつけられ、相対的に低い価値しか与えられなくなる。

ある学校との原稿確認のやりとりでは、女性の口調にいちいち修正が加えられていました。管理職から「言い方がきつく感じる」と指摘があったそうです。しかし、同じ言葉づかいを男性教員がしていても修正は入らなかったはずです。そこにもジェンダー・バイアスがあることがわかります。

たとえばいつも怒りっぽいひとが少々荒っぽい言葉づかいをしても、誰も気にしません。しかしいつもは穏やかな口調のひとが少々荒っぽい言葉づかいをすると、まわりをびっくりさせてしまうことがあります。「前提」が違うからです。

これと同じ理屈で、部下へのフィードバックとして同じ言葉を同じように言っても、男性上司に言われるよりも女性上司に言われるほうが「きつい言い方」と受けとられることが多いという研究結果があります。これも意図しない悪気もない無意識の差別といえます。

バイアスは必ずしも悪いものではありません。ものごとをパターン認識することで思考の無駄が省けますから。しかしそれが差別につながってしまうのはまずいわけです。性差はもちろん、人種、国籍、宗教、外見などさまざまな事柄に関してバイアスは存在します。

バイアスは誰もがもっています。自分のバイアスに自覚的になろうとするのはもちろんのこと、他人のバイアスに気づいたときには、思いやりと敬意をもってそれを指摘し、バイアスを認め手放す勇気を促すことを心がけたいものです。一方で、指摘を受けたときには、トーン・ポリシング（伝える口調を批判して論点をずらしたり議論を拒否したりすること）などせずに、素直に感謝を伝えましょう。

ほかにも、ジェンダー・バイアスやジェンダー・ステレオタイプと思える発言を教員がついしてしまっている場面になんどか遭遇しました。私だって取材の最中にやらかしたことがあったと思います。みんな間違える前提で、その都度指摘しあいながら、少しずつ状況を改善していくしかないのでしょう。

性的同意の教え方は識者でも試行錯誤段階

専門家の講師や教員のあいだでも考え方の違いがあるなと最も感じたのは、性的同意についてです。いま最もホットなテーマでしたが、中高生にこれをどう教えるかについては今後意見が分かれ、議論が盛り上がる可能性が高い気がします。

ある教員は「さして好きでもない相手とセックスするから性的同意の問題が生じるわけで、性的同意の前に、好きでもない相手とセックスすることの意味なんかを考えさせなければいけないと思います」と主張していました。

また性教育の専門家のある講師は、もちろんむりやりとかどさくさまぎれのセックスなんて問答無用であってはならないとしたうえで、「スキンシップなんてノンバーバル（非言語的）・コミュニケーションの最たるものなのに、そこでいちいち言葉を介在させるのはやっぱり無理があると思う」ともらしていました。

ある講演会では、質疑応答の時間に「言葉で同意をとっていてもあとからいくらでもひっくり返して不同意性交罪に問えるのだとしたら、男に不利だと思うのですが、僕たちはどうやって自分を守ったらいいのでしょう？」という質問がありました。

「男に不利だと思うのですが」が余計でした。講師の回答は「男性があとから同意がなかったと訴えることもできるわけですから、男が不利ということはまったくありません」で終わってしまいました。それはまったくその通りなのですが、質問者の意図は「同意をとってもあとからひっくり返される可能性があるのだとしたら、どうやって自己防衛すればいいのか」にあったはずです。

これはとてもいい質問だと思います。講師がどう答えるのか、私も知りたかったです。むりやりとかどさくさまぎれで性行為におよんでしまうのを防ぐために性的同意という概念はあるのにそれが転じて、あとから客観的に性的同意が証明できない状態で性行為をすること自体が犯罪にあたるかのように一般化されてしまうから、このような質問が生じるのです。いま、同様の不安を抱えている若者は多いのではないでしょうか。

ちなみに、たくさんの講師や教員の考えを聞かせてもらったうえで、私が現時点で考える答えはシンプルです。前提として「ひとが嫌がることはするな」。そのうえで「自分を守りたいと思うなら、あとから同意をひっくり返すかもしれないと不安に感じるような信頼できない相手とはするな」。それでも万が一、裏切られることを想定するのなら、「このひとに裏切られて人生をめちゃくちゃにされるならそれも本望だと思えるほどに惚れ込んだひととしかするな」です。

性的同意の概念や不同意性交罪の成立条件について知識として知っておくことは大切だと思いますが、そういった考え方が生まれた文脈の説明もなしに、レイプやどさくさまぎれのセックスをするつもりが少なくとも現時点ではさらさらない中高生に言葉による逐次の同意を必要不可欠なものであるといきなり強調するのは、説明の仕方としてなんだか順序が逆のような気がします。

第2章の岩室紳也さんの言葉を再度引用しておきましょう。

「いまは性的同意という言葉もできました。たとえ夫婦であっても、むりやりセックスしたら、犯罪になります。でもそういう話じゃなくて、相手が嫌がっているのにむりやりするっていうのは人間的には考えられないことです」

たったこれだけのことを説明するのに法律をもち出さなければいけないのは本来おかしな話です。実は、「告白→OK→お付き合い」というプロセス自体が世界的には珍しい恋愛習慣です。「付き合ってるから……」という形ばかりの既成事実が、セックスをする権利があるように錯覚させたり、セックスを断りにくくする状況をつくってしまったりしているのではないかという気がしてなりません。

性的同意やデートDVを語るのであればそのまえに、「付き合ってる」ってどういうことなのかを考える機会を設ける必要があるのではないでしょうか。

「男子校高校生の性差意識」を検証する

灘の記事にたくさんのつまらないコメントがついて、それに対する批判が沸き起こり、灘生を応援する声やいまどきの男子校は頑張ってるという声が上がったことは、思ってもみなかった反響でした。普段、性やジェンダーといったテーマで男子校が叩かれることはあっても応援されることはほとんどないからです。

第1章の冒頭で挙げたような男子校批判の延長で、さすがにそれは男子校に対する偏見ではないかと感じる言説も見かけます。ここでそれらを検証しておきたいと思います。

東大において男子中高一貫校出身者が固まってホモソーシャルな雰囲気をつくっているのが男子校文化のせいであるかのような言説を時折見かけます。しかし、私立の男子校が人気になる以前、公立共学校の出身者が多い時期から、東大は実質的に男子校のような大学だったことは第1章で説明したとおりです。

男子校出身者が東大のホモソーシャルな雰囲気をつくっているのではなくて、最強の異性愛男性集団への無意識的な憧れのせいで東大のホモソーシャルな雰囲気を好む男性たちが東大に吸い寄せられてきているのであって、そこに至る最短ルートと認識されているのが時代によって共学の都立進学校であったり男子中高一貫校だったりするだけではないかと仮説を立てることができます。

この仮説を検証するには、東大を含む複数の大学で、男子学生のジェンダー意識に関する調査を行い、在籍大学と出身高校による差を比較すればいいはずです。

そのような大学横断調査の結果は見たことがありませんが、東大が2020年度に行った「東京大学におけるダイバーシティに関する意識と実態調査」の結果ならわかっています。その報告書の第7章「出身校と在学中の意識変化」には、「学部生の出身高校の共学・別学などの違いによって、ジェンダーやセクシュアル・ハラスメントに関する意識の差はほとんどみられなかった」とあります。

もちろんこの結果は、あくまで集計的な平均像ないし集団の重心について視点をおいたものであり、異常に差別的な思想をもつ男性が出現する割合を共学校と男子校で比較したら違いが出るかもしれません。かといって、男子校出身者を一括りにして、ホモソーシャルで差別的とレッテルを貼るのは偏見・バイアスといえます。

男子校という環境が性的役割分業意識・性差意識を強める可能性を示唆するものとしては、社会学者の江原由美子さんが1999年に発表した「男子校高校生の性差意識――男女平等教育の空白域――」が有名です。江原さんの著書『フェミニズムのパラドックス』にも収録されており、非常に多く引用されています。

いまからちょうど30年前、1994～1995年度に東京女性財団の委託を受けて、12の高校に在籍する１５００人を対象に東京都で行われた調査結果です。高校で家庭科が男女共修になったのが１９９４年です。

「共学女子」「共学男子」「別学女子」「別学男子」の４グループに分けて性差意識を比較しています。「別学男子は、ほとんどの項目において、共学男子よりも、性差意識が強く、固定的な性別役割分業に肯定的な意識も強かった」と結論づけています。共学女子と別学女子にはそのような差は見られませんでした。

しかし論文の細部を見ると、サンプル抽出に偏りがあることがわかります。「共学女子」「共学男子」のほぼ全員が中学から共学校です。「別学女子」は約85％が中学から女子校です。しかし「別学男子」だけは、中学から男子校が約４分の１しかいません。つまり調査対象である「別学男子」のうち約４分の３は中学まで共学校で、15歳時点の高校受験でなんらかの理由があってあえて男子高校を選んだ「路線変更組」なのです。

これでは、男子校に入学した結果として性差意識が大きくなったのか、もともと性差意識が大きかったから男子校を選んだのか、判別しようがないと思うのですが……。ちなみに１９９５年当時、東京都には61の男子校があり、そのうち中学をもたない高校だけの男子校は28校でした（大学通信調べ）。それがいまではたった３校しかありません。

男子校が消えれば男女平等に近づくのか？

2009〜2011年に行われた「子どものジェンダー平等意識形成と学校に関する総合的研究〜戦後男女共学制の総括〜」（研究代表者・橋本紀子）には「男子校出身者の多くがジェンダー平等に関わる教育を受けておらず」との記述がありますが、この研究調査の対象は主に公立高校です。本書の独自アンケート調査で公立の男子校からは1件の回答もなかったことは第1章で述べたとおりです。

日本は男女不平等な社会である。東大出身者の多くが社会で指導的地位に就く。東大はホモソーシャルな環境である。東大入学者の多くは男子中高一貫校出身である。よって男子中高一貫校が日本の男女不平等をつくっているのである。——という論理がまことしやかに流布していることも第1章で述べました。

では、男子校が社会から消滅すれば、少しは男女不平等が解消するのでしょうか。だとしたら、男子校が存在しない地方においてその地域の政治・経済の重職を共学のご当地名門校出身の男性たちが牛耳っているという男女平等からほど遠い状況を、どう説明するのでしょうか。

男子校を擁護したいわけではありません。あまりに雑な論理で男子校や男子校出身者を一括りにして批判するのは不誠実ではないか、それは偏見・差別・いじめと何が違うのか、と訴えたいのです。

第１章で「なぜ娘は灘を受験できないのか」と憤った母親（社会的地位の非常に高い職業に就いています）は、そのときにこんな話もしてくれました。

「私の夫は、共学校出身です。公立の進学校で自分よりも成績優秀な女子と出会って、女性を差別してはいけないと学んだと言っていました。だからやっぱり男子は共学で学ぶべきだと思います」

この論理がとても危険だということに気づいていないようです。男女差別をしてはいけないのは「優秀だから」ではありませんよね。成績が良かろうが悪かろうが差別はダメなんです。いかにも男性的な能力主義を前提として疑っていないことに、愕然としました。

男子の学力低下は世界的な問題

ジェンダー的な是非は別として、学力向上という意味では男子校や女子校に利点がありそうだと示す国際的なデータは枚挙にいとまがありません。めぼしいものは拙著『新・男子校という選択』や『新・女子校という選択』にまとめてあるので、ここでは割愛します。「男の子問題（The Boy Crisis/The Trouble with Boys)」という言葉も国際的に知られています。世界的に男子の学力低下が問題と認識されているのです。

ＯＥＣＤ（経済協力開発機構）が3年ごとに行う国際的な学力調査ＰＩＳＡの平均では、女子の成績が男子の成績を常に大幅に上回っています。特に「読解力」についてはＯＥＣＤに加盟するすべての国と地域で常に女子の成績が男子を上回っています。一方で、ＯＥＣＤは、男女の学力に生来的な差はないとしています。

では何がこの差を生んでいるのか？　いまの学校環境が多くの男子には合っていないのではないかという指摘があります。このことについての論争も右記の拙著にかいつまんでまとめてあるのでここでは割愛しますが、最近、そのようなテーマで印象的な動画を見たので、概要を紹介します。

ＴＥＤという世界的に有名な教養系の動画サイトで、リチャード・リーヴスという社会流動性の研究者による「男子と男性の教育危機をどう解決するか（How to solve the education crisis for boys and men)」というプレゼンテーションが公開されていました。

さまざまなデータから、現在の学校システムが多くの男子に適していない可能性を指摘します。一因として男性教員の不足を訴えています。また思春期には男子の心身の発達が女子よりも平均して1年ほど遅れることを根拠にして、男子の就学年齢を女子よりも1年遅らせるべきだという大胆な解決策を提案しました。であるならば、1年遅らせる代わりに男子校という選択もありではないかという気がします。

プレゼンテーションで示されるエビデンスの数々は私にとっては目新しいものではありませんでしたが、プレゼンテーション後に、司会者から受けた質問に対するリーヴス氏の回答が素晴らしかったので紹介します。

「これを聞いている14歳の男子がいたら、何を伝えたいですか?」

「1つめに、もし君が学校などで困難を感じているとしても、君のせいじゃないってこと。システムが君にとって効果的でないだけなんだ。2つめに、君のことを見ているよ。私たちが君を理解し、守るよ。そして3つめに、君の困難が女性のせいだという人間を信じるな。フェミニズムや社会の変化のせいじゃない。男性が浮上するために女性を蹴落とそうとする人間に騙されるな。君の苦しみはわかる。でも足を引っ張るな。ネットにはびこる闇に背を向けろ。——自分を見守ってくれて、理解してくれる居場所があると感じられる男子は、悪意の言葉に耳を傾けにくくなります」

私はこの言葉を、灘の記事へのつまらない書き込みをしたひとたちにも贈りたいと思います。彼らを見守り理解してくれる居場所が、社会のなかに必要だと思います。

次章では、すでに92％の高校が共学になっているのになぜ社会は男女平等になっていないのかという問いに迫ります。

第6章　共学校に潜む男子校の亡霊

すべての学校は宿命的に性差別的

学校という組織そのものが白人男性の価値観で構築されたもので、共学校であったとしても宿命的に性差別的であると指摘する本があります。

1988年にイギリスで著され1997年に日本語に訳された『男の子は泣かない 学校でつくられる男らしさとジェンダー差別解消プログラム』(著/スー・アスキュー、キャロル・ロス、訳/堀内かおる)です。第5章でも少し触れました(165ページ参照)。引用します。

学校は、男子も女子も成功するために「男らしい」やり方で行動することが求められるという、「男性的」な組織として作り上げられてきました。

白人男性の価値観で構築されたものというのは、日本の学校にもそのまま当てはまります。日本の学校制度はカリキュラムも含めて、明治時代にヨーロッパから輸入してつくられたものだからです。いまよくいわれる「グローバル人材になれ」というのもまさにこの価値観を内面化したメッセージです。

ここで白人男性というのは、異性愛白人ミドルクラス男性のことです。イギリス生まれのアーティストでテレビ司会者のグレイソン・ペリーは著書『男らしさの終焉』(訳／小磯洋光)で、彼らを「デフォルトマン」つまり「社会の初期設定」と皮肉っています。その価値観では要するに、〝いい家〟に住めて、〝いい車〟に乗れて、〝いいレストラン〟で食事ができて、〝いい女(女性蔑視へのアンチテーゼの文脈でここではあえて使わせてもらいます)〟と寝られることが成功の証とされます。

学校がもつ権威主義的な校風が、権威の象徴としてのマッチョな男性像へと男子生徒をミスリードし同時に女子生徒を貶めていると、『男の子は泣かない』の著者はくり返し指摘します。

権威主義的なやり方を好まない女性教員はやっかいもの扱いされます。たとえば私語の多い教室に入っていって怒鳴って一喝するみたいな方法で、困難を抱える女性教員を権威主義的な男性教員が〝助ける〟ことによって、女性蔑視の構造はさらに強化されます。

なかでも男子校では性差別的な場面が顕著に観察されやすい。そこで学校における性差別解消の糸口を男子校に探し、共学校の男子にも使えるプログラムを開発したという記録です。共学校だって十分に性差別的であるけれどその表出の仕方が違うだけであるとして、著者は決して男子校を否定しません。

女子生徒は性差別による抑圧の主な犠牲者です。だからこそ、女子のためには特別の配慮が必要です。男子もまた、この社会で求められる男らしさを作り上げていく過程で傷つき、人格形成上悪い影響を受けているし、女性に対する男性の性差別に今後挑んでいくためにも、性差別反対の教育を必要としているのです。

どんなプログラムができたのか——。ジェンダー・ステレオタイプを相対化し、ジェンダー・バイアスを自覚させる。家庭への責任を学べるように、保育や家庭科のカリキュラムを強化する。感情の起伏や弱みをあらわにするなど従来女性的とされてきた自己表現をスキルとして男子も身につける。——などです。

ただし、正論をぶつけるだけでは男子生徒を敵に回すだけでなく、権威主義を強化して状況をさらに悪化させることに著者たちは気づいたとも言います。

本書で紹介したさまざまな取り組みと知見にそっくりです。

学力による殴り合い

実は『男の子は泣かない』には猛烈な違和感を覚える点もありました。当時のイギリスの男子校では、男らしくない男子がいじめの対象になり、男子同士がベタベタすることを同性愛的だとして極端に嫌う傾向が顕著だったそうです。これは現在の日本の男子校の様子とはだいぶ異なります。

少なくとも私が今回訪れたような現在の日本の男子校のほとんどでは、特に中学生のうちは、生徒たちがベタベタと重なり合うようにスキンシップをとっていたり、床に寝転がってじゃれ合っていたり、いわゆるやんちゃ系の生徒と文学少年的な生徒がいっしょに音楽やアニメの話をしていたりという光景をよく目にします。

この違いには3つの理由があるのではないかと考えられます。

1つめは、約35年前にイギリスで必要だと認識された性差別反対教育に似たものが、すでに日本の一部の先進的な男子校では実行に移され、効果を発揮し始めていること。まさに本書の事例です。2つめは、1970年前後に起きた高校紛争を経て、日本の代表的な男子校が権威主義的な構造をすでに弱めていること。3つめは、若干切ないのですが、極端な学歴主義によって、学力による殴り合い以外の地位競争に日本の生徒たちが無関心であること。

イギリスなどヨーロッパは階層社会であって、学校がむしろそれを維持する装置として働いていることが指摘されています。それに対して日本では、立身出世を志す男性のために学校制度が整備されたという違いがあります。それを戦後男女にあてはめたわけですから、「教育とは競争だ」という錯覚にすべてのひとが陥ります。日本の教育システムは過度に競争的であるとして、国連から過去になんども指摘を受けています。

ちなみに権威主義的な学校かどうかは、外部講師を招いての講演の様子を見ているとよくわかります。権威主義が弱い学校では、生徒たちが少々騒がしかろうと、教員も生徒といっしょになって頷きながら講演を聞いています。一方権威主義がまだ残る学校では講演中、教員たちが威圧的な態度で生徒たちを監視しています。その他の学校行事などでも同じです。

単純な共学化が世界を歪めた?

教育機会の男女平等に反する。性差別意識を助長する。――この2つが男子校批判の主なポイントです。

しかし従来の男女共学・別学をめぐる議論では、「教育の目的、内容、効果といった点は十分に論じられてこなかったのではないか」という問いを立てた論文があります。教育学者の尾崎博美さんが2009年に発表した「男女共学・男女別学をめぐる議論の課題と展望―教育目的・内容を構築する視点としての『ジェンダー』に注目して―」です。

この論文は2人の教育哲学者を参照します。1人はスーザン・レアード。男女共学の概念そのものを教育学的に追求する必要性を訴えました。もう1人はジェーン・R・マーティン。盲目的な男女共学教育が女性だけでなく男女両性にとって危険なものとなると指摘しました。この2人の言説のかけ合わせから、尾崎さんは鮮烈な示唆を引き出します。

まず、男女共学・別学の違いが子どもに与える影響は、ジェンダー観、性別役割分業観、同性・異性に対する認識や接し方の形成といった範囲に留まらず、学習の目的・内容・方法・効果、さらにはそこで想定される人間観・社会観にもおよぶ可能性があることを、レアードの言説から読み解きます。

次に、男性のために計画され、多分にジェンダー・バイアスを内包した教育が、男女共学を通してすべてのひとに施されることによって、すべてのひとがジェンダー・バイアスを内包する価値観を身につけてしまう危険性が生じることを、マーティンの言説から導きます。

妊娠、出産、保育、養育、看護、介護、家計維持など、いわゆる家庭的なことを社会学では「再生産過程（Reproductive Process）」分野と呼びます。それに対して、いわゆる仕事的なことを「生産過程（Productive Process）」分野と呼びます。ニュアンスとしては、「生産と再生産」をそのまま「仕事と家庭」「競争とケア」と置き換えてもいいでしょう。

もともと男性を想定した学校教育は「再生産・家庭・ケア」について非常に手薄でした。それをすべてのひとの教育に採用すれば、誰も再生産・家庭・ケアについて学びません。それどころか、世の中のすべてのひとが、再生産・家庭・ケアよりも生産・仕事・競争のほうを重視する価値観を内面化してしまいます。

その結果が、いま現在のいびつな社会を形成しているといえるのではないでしょうか。すなわち、教育をされればされるほど、エッセンシャル労働ともいわれるケア労働の軽視、家庭や地域社会の弱体化、そして少子化が進行する……。

これこそが、日本ではすでに92％の高校が共学になっているのになぜ男女平等社会にはなっていないのかという問いに対する根本的な答えであるように思われます。

論文から引用します。

レアード、マーティンが警告するのは、21世紀の教育を構築する上では、単に「男女が同じならば良い」とするのはあまりにも短絡的で危険に過ぎるという点である。

こうした課題の提示は「男女平等を目的とする男女共学」や「男女同権を希求する教育」を否定するものではもちろんありません。男女共学と別学のどちらが良いかという論争に決着をつけるためのものでもありません。男女共学・別学を教育学上の論点とすることによって、ジェンダーを意識したより良い教育実践のヒントを見出そうと提案しているのです。

ちなみに、男子のために計画された教育に手薄だったのは、「再生産・家庭・ケア」の観点だけではなかったと私は思います。たとえば男性が自分自身の性を知る機会も少なかったはずです。女性の月経や妊娠・出産のしくみは知識として学ばなければ知りようがありませんが、男性の性については自明のこととされていた可能性があります。実際、現在でも保健体育の教科書では、男性の性についての記述はものすごく少ないのです。

ドイツで起きた反省的男女共学運動

ドイツでは1960年代の教育改革で、学校の共学化を推し進めました。しかしその結果、成績、コース選択、進路選択などにジェンダー・バイアスが顕著に表れるという皮肉な結果を招きます。原因はやはり、男子のための教育を無反省に共学校に当てはめたことだと指摘されました。そこで１９８０年代半ばに「反省的男女共学」という概念と議論と実践が生まれました。
教育学者の池谷壽夫《いけやひさお》さんが２００３年に発表した「ドイツにおける男女共学の問題点と『反省的男女共学』」という論文にはその理論と実践例がまとまっています。引用します。

私たちにとって反省的男女共学とは、次のことを意味している。すなわち、私たちがすべての教育（学）的な形成を、それが既成のジェンダー関係をむしろ安定させるものなのかどうか、それともそれとの批判的な対決、それゆえその変革を促進するものかどうか、ということに照らしてくまなく検討しようということを意味している。そこでは、別学のグループはけして排除されてはいない。だが、それが位置価を得るのは、女子と青年女性の自己意識が強められたり、男子の反セクシズム的な発達が実際に達成される時だけである。（Faulstich-Wieland/Horstkemper 1996, S. 583）

男女がいっしょにいるだけの共学ではダメだし、女子校にも課題はあるが、男子校に関していえば、反性差別的な発達が達成されなければならないといっています。また、男子校であれ女子校であれ別学の教員にはとりわけ自らの性別役割観と行動様式との徹底した対決が求められるという指摘もありました。

見方を変えれば、反性差別的な発達が達成できるのであれば男子校でもいい、といっているように解釈できます。反性差別的教育とは、すなわち本書でいうところのジェンダー教育にほかなりません。

女性教員の割合は重要な指標となる

ジェンダーに関して、男子校が乗り越えるべき課題が山積みであることは間違いありません。一方で、共学校には旧来の男子校の亡霊がそれとは気づかれないように擬態して暗躍しているのです。見えにくいぶん、たちが悪い。その結果ジェンダー・バイアスが社会に巧妙に行き渡ることを、私はこれまで「共学校のパラドクス」と名づけて指摘してきました。

多くの共学校に潜んでいる男子校の亡霊を成仏させることこそ、男女平等社会の実現のためにいま必要なことではないでしょうか。

35年も前のイギリスで『男の子は泣かない』の著者がそのヒントを男子校に求めたのと同様に、私たちは本書で紹介したような先進的な男子校での教育実践のなかにヒントを見出すことができるはずです。

また、男子校や女子校は、まわりに異性のグループがいなかったら自分がどんなふうになるのかを体験することができる、希有な空間だともいえると思います。第4章ではそれを無重力体験にたとえました。共学環境との差異に注目することで、自らが知らず知らずのうちに身にまとってしまっている構えに気づくことができます。

なお『男の子は泣かない』では、男子校における女性教員の立場の弱さについて丸ごと1章分の紙幅を割いて論じていました。

男子校であれ、共学校であれ、権威主義的な校風が生徒たちの性差別意識を醸成する土壌になることはこの章の冒頭で説明したとおりです。共学校では女子生徒との性的役割分担として吸収されてしまう男子生徒の性差別意識が、男子校では女性教員へのからかいや嫌がらせという形で表面化するというのです。

実際に私の取材のなかでも、ある女性非常勤講師が「ときどき虚しくなることがあるんですよ。女性・非常勤・副教科と男性・専任・主要教科みたいな差が。一生懸命やっていても。女性教員の少ない男子校がいくら表面的に性教育やジェンダー教育をやってもダメだと思います」と訴えていました。

これについては、特権的な男性専任教員が自分たちの特権に頼らない指導法を身につけることと、そもそも女性教員の数を増やすという両面で事態を改善する必要がありそうです。

その意味で、職員室における女性教員の割合は、どれだけ先進的な教育を行っている男子校かを見定めるリトマス試験紙の役割を果たしてくれるかもしれません。

反性差別教育の牽引者たれ

ここでいう先進的な教育が、決してグローバル教育やＳＴＥＡＭ教育のような、旧来的な〝勝ち組〟育成教育ではないことは、ここまで本書をお読みいただいたみなさまにはご理解いただけていることでしょう。

とはいえ、そのグローバル教育やＳＴＥＡＭ教育以上にさらに旧来的な〝勝ち組〟教育が、東大を頂点とした受験システムにおけるいわゆる偏差値教育です。「東大」という言葉には「生産・仕事・競争」を連想させる強力な力があります。

そして本書に登場した多くの男子校がそこでの成果によってその存在感を世の中に認められているのもまた事実です。

旧来的な競争社会や権威の象徴ともいえる東大への進学者数に支えられながら、過度な男性性を中和する教育を行う。まるでマッチポンプなジレンマのなかで男子進学校は教育を行っています。生徒たちの希望進路の実現をお手伝いしているだけともいわれますが、その希望が、世の中の競争圧力を内面化した結果にすぎないのだとしたらどうでしょう。

男子進学校だけの問題ではありません。経済界は、若者の国際競争力を高めろとさらなる競争を煽ります。競争に勝ち抜くマッチョな人材たれというメッセージと、旧来のジェンダーに囚われず多様性に開かれた協調的な人間であれというメッセージ。このダブルバインド・メッセージからいま、子どもたちは逃れられません。

この強い男子校批判の逆風のなかで男子校が男子校であり続けたいのであれば男子校は、圧倒的なレベルで反性差別的教育を行い、包括的性教育を行い、むしろ日本のそういった教育の牽引者となる覚悟を示すべきです。そうすれば自ずと東大一辺倒の風潮が弱まり、教育競争も緩和し、社会のゆがみが緩やかに解消し、めぐりめぐって少子化にもブレーキがかかるかもしれないと思います。

“支援”され“排除”される子どもたち

ただ、取材を進めるうちに、反性差別的教育を実践し効果を上げるには、ジェンダーやセクシュアリティについて理解を深めるだけではどうも不十分だと思われました。差別とは何か、どういう構造のなかで生まれるのか、どうすれば根本的な対処になるのか。それをある意味での切実さをもって学ばないことには、どんな反差別的教育も包括的性教育も絵に描いた餅で終わる気がします。

そこで2つの授業を本書の締めくくりとしてレポートしましょう。

1つめは第2章で紹介した、灘での土肥いつきさんの授業（45～55ページ）の続きです。

＊＊＊＊＊

ジェンダー・ブレッド・パーソンを用いて、セクシュアリティが複雑であり、複雑であるからこそ自由であるという説明をしました。でも土肥さんの授業はもちろん単なる用語解説では終わりません。むしろここからアクセルを踏み込みます。

「レズビアン、ゲイ、バイセクシュアルのひとたちが、世の中には3～10％いると考えられています。きっとここにいる該当者に伝えたい言葉があります。『今日、ここにいてくださって、ありがとう』。40人のクラスには1人くらいいる計算です。逆に1人もいなかったら、いて当たり前のひとを排除しているいびつな空間だということ。そのひとがいるから、そこが当たり前の空間になる。だから私は『今日も、ここにいてくださって、ありがとう』と伝えたい」

いるはずなのに出会えないのは、「言いたくても言えない」からです。

トランスジェンダーの割合については、さまざまな調査結果を総合するとざっくり0・5％程度ではないかと推測できると土肥さん。しかしトランスジェンダーの子どもたちを取り巻く現実は、「行くも地獄、とどまるも地獄」だと表現します。性別を変えるのにも、性別に違和を抱えたまま生きるのにも、どちらにしてもたいへんな困難がともなうからです。

「ネットニュースなんかで話題になりますよね。『男性が女装して女子トイレに入って盗撮して捕まった』。性犯罪は絶対に許さないし、バンバン処罰していいと思います。でも、それをわざわざ大きく報道するニュースバリューはあるんか？　もっと報道しなきゃならないことがあるでしょう。しかも、『男性が女子トイレに入って盗撮して捕まった』だけじゃニュースにならない。『女装して』というところにニュースバリューを見出しているから大きく報道しているんです。そういう社会です。いまでもね」

文部科学省も動きますが、見事に的を外します。2015年に示した「性同一性障害に係る児童生徒に対するきめ細かな対応の実施等について」に対して、国際NGOのヒューマン・ライツ・ウォッチは「子どもに悪影響を及ぼす可能性」「病理的かつ差別的なモデル」と酷評しました。

「標準より長い髪型を一定の範囲で認める（戸籍上男性）」「多目的トイレの利用を認める」などとあるが、土肥さんにいわせれば、「そもそも髪型自由にすればいいし、多目的トイレの使用に許可なんて不要」。

「今日1枚だけ覚えておいてほしいスライドはこれなんですよ（図4）。とっても簡単なことなんです」

　傾斜のある地面に、シスジェンダー（49ページ参照）とトランスジェンダーが立っています。シスジェンダーの両足の長さは地面の傾斜にぴったりで、安定しています。シスジェンダーの両足の長さのバランスに合わせて地面が地盤整備されているからです。しかしトランスジェンダーの左右の足の長さのバランスは

図4　シスジェンダー向きの地盤

※土肥いつきさん作成

シスジェンダーとは違います。だから、いまにも転倒しそうです。

トランスジェンダーの子どもは、自分の身体への違和と学校生活への違和の両方を経験します。身体への違和を解消するのは医療の領域です。学校生活への違和を解消するには、地盤そのものをトランスジェンダーにとっても立ちやすいように整備し直す必要があるはずです。しかし現実には、制度そのものを変えるのではなく、あくまでも個別対応で乗り切ろうとします。

「日本においては、特に子どもたちにおいては、病理化されています。そして〝支援〟され、〝排除〟されるんです。〝支援〟され、〝排除〟された子どもたちは、そういう生き方を身につけてしまいますね。自分は権利の主体であるという生き方を奪われちゃう。つまり病理的かつ差別的思想なんですね」

普遍とは人間を尊敬すること

その視座を保ったまま土肥さんは、多くのひとに身近な話題に内容を展開します。

「なぜ制服が必要なのか？　学校の役割は性別分化にあるんです。幼稚園や保育園で、『はーい、女の子こっちおいで〜』とかやりますよね。あの時点で、この社会には男か女かという2つの性別カテゴリーがあると教えています」

小学校では、幼児教育段階で学んだ性別カテゴリーを引き継ぎつつ、まだ男女均質化の原則が強く支配します。ただし高学年になり男女別の更衣室が用意されるようになると、男子更衣室での会話と女子更衣室での会話はそれぞれ男子グループと女子グループのなかで閉ざされます。その時点から、男子の文化と女子の文化が別々に発展していきます。教室の中に2つの異文化が生まれるのです。

中学生になると制服が登場します。身体的には成熟していても性的にも精神的にも未熟な中学生には〝正しい性のあり方〟を学ばせなければいけないと社会から要請され、教員もそれを内面化します。だから徹底的に男女を分けます。

高校生の段階では、教員から言われなくても自分たちで勝手に男女で分かれていくようになります。形式的には自分たちの意思で自分たちの進路を決めますが、文系と理系でジェンダーのアンバランスが生じます。

「2つの性別カテゴリーがあるからそれぞれに合った制服を渡すだけでなく、2種類の制服を渡すことによって2つの性別カテゴリーに分けるという作用があるんです」

ではなぜ2つのカテゴリーに分けるのか。あるいはそれを強く意識させるのか。

「小学生を教えるのは大変です。動き回る小学1年生たちを座らせたいときどうしたらいいでしょう。2つのグループに分けて、どちらのグループが早く座れるかな？　3、2、1……はい！　ってやると座ります」

グループ分けするだけなら、目の色で分けてもいいし、住所で分けてもいいはず。しかしなぜ性別で分けるのか。

「幼い子どもたちでも知識としてもっているから。教員たちもそれを〝自然〟なものとして受け止めています。でもおかしいでしょ。たしかに男と女で身体は違うかもしれませんが、人間を2つのグループに分けるということはそれ自体が社会的な行為ですよね。どの特徴に焦点化して分けるかというのも社会的な行為ですよね。でもそれをみんな〝自然〟だと思っているんです。なぜか。それはこれでしょう……」

スクリーンに「異性愛規範」という大きな文字が浮かび上がります。

「この社会は異性愛規範でできています。だから身体の性別に着目して人間を2つのグループに分けるという社会的な行為が行われているんですね。ここから先の話は、片田先生に聞いてください。あるいはジュディス・バトラーの『ジェンダー・トラブル』という本を読んでください」

片田先生とは、この授業のコーディネートをしている灘の公民の教員・片田《かただ》孫《そん》朝日《あさひ》さんです。博士号をもち、ジェンダー研究の専門家でもあり、『男子の権力』など著書があります。ジュディス・バトラーは、社会構築主義の立場をとる哲学者です。

「学校こそが異性愛規範をつくり、強化し、子どもたちに内面化させる場なんですよ。日本は同性婚を認めていません。法的な諸権利はいっさいありません。生まれたときには『女性』を割り当てられたけれど男性的に振る舞い、女性に恋心を抱くひとは、自分がボーイッシュなレズビアンなのかトランスジェンダー男性の異性愛者なのか、迷います。どっちを選ぶかは本人が決めればいいのですが、どちらを選んでも同じように人権が守られなければおかしいですよね。そこで求められるのが普遍性です。普遍性とは何か？　個別の課題解決のために枠組み全体を変えることです」

ここでスクリーンには「水平社宣言」が映し出されます。長い歴史のなかで差別を受けてきた被差別部落の人々の痛切な思いとともに、すべてのひとがいかなる差別も受けることなく人間らしく生きていける社会の実現を願う気持ちが込められています。そのなかの一文にクローズアップします。

そしてこれ等の人間を勦《いたわ》るかの如き運動は、かえって多くの兄弟を堕落させた事を想へば、此際吾等の中より人間を尊敬する事によって自ら解放せんとする者の集団運動を起せるは、寧ろ必然である。

「子どもたちを支援し配慮することは労《いたわ》ることなんです。それは多くのきょうだいを堕落させたんですよね。じゃあ普遍とは何かといったら、人間を尊敬することなんですね。この言葉は私にブーメランで刺さります。ほんとに生徒たちを尊敬しながら日々の授業をやっているか？　やっぱりこの場所に戻らんといかんなと思ってます」

続いてハワイ大学の性科学者ミルトン・ダイアモンドの言葉を引きます。

「自然は多様性を好む。しかし、社会はそれを嫌う」

そもそも自然においてセクシュアリティは多様なのに社会がそれを嫌うから、非典型的なセクシュアリティをもつひとが割を食わされているのです。彼らを個別に〝支援〟するのではなく、社会のしくみそのものを変えていこうと土肥さんは訴えます。

「多様な人間がともに生きるってめちゃめちゃ面倒くさいんですよ。でも、たとえば特定の人間を生産性がないからと排除したり、隔離したり、抹殺したりしたら、最後に残るのは誰？　そんな社会がいいの？」

最後に土肥さんはこんな告白をします。

「こういう知識を身につけることで、私は性別を変えられました。でも知識だけでは無理でした。本当に自分を変えられたのは、仲間との出会いのおかげでした。その仲間とは、トランスジェンダーの仲間ではありません。シスジェンダーの、特に女性でした。あるとき、『私、本当は女になりたいんです』と打ち明けたら、『女も楽ちゃうで』と笑いながら、シスジェンダーの女性たちが、自分を仲間に入れてくれたんです。これなんですよ！　こうやって私はね、いまの生き方ができるようになったんです」

＊＊＊＊＊

土肥さんが授業の狙いを教えてくれました。

「セクシュアリティをジェンダーの問題としてとらえてほしいと思いました。つまり、ＬＧＢＴを語るのではなくて、ＬＧＢＴの視点で社会規範を疑う普遍的な議論をしたいと思いました」

性の多様性理解を目的とするのではなく、普遍的な人権問題の一環として性の多様性をとらえてほしいというメッセージです。

その視点は、障害者や在日外国人とのかかわりにはもちろん、男女差別にもそのままスライドできます。男性用にできている地盤をそのままにしていては、いつまでたっても女性の足下はおぼつきません。その状態のままいくら個別に〝支援〟しても、それは実際は〝排除〟でしかないのです。これが、いつまでたっても日本の社会で、ジェンダー・ギャップが大きい原因ではないでしょうか。

頭では理解できても実感するには時間がかかる

最後は、広島学院から、探究と道徳の時間を合わせた「イグナチアン・リーダーシップ・プログラム」という独自科目の授業です。広島学院の経営母体であるイエズス会の教育目標「他者のために、他者とともに（for Others, with Others）」について考える科目です。

＊＊＊＊＊

広島学院の授業は毎回「瞑黙」で始まります。着席して、背筋を伸ばし、数十秒から数分間、目をつぶって心を落ち着かせます。

教室のいちばんうしろから見ると、１限目の授業だというのに、背中が砂だらけになっている生徒が目につきます。生徒たちは朝のホームルームの何十分も前に学校に到着して、体操着に着替えて、グラウンドや中庭で元気よく遊ぶのです。転んだのか、ふざけたのか、とにかくグラウンドで寝っ転がったのでしょう。ほかの生徒たちのシャツや頭髪も、汗でうっすら湿っています。

中2を対象に、同校の養護教員の立川《たつがわ》紗也さんが「新生児集中治療室（ＮＩＣＵ）で向き合った命」というテーマで授業を行います。立川さんは、広島県内の総合病院の新生児集中治療室で5年間勤務したのち、前年度から広島学院に来ました。

「ＮＩＣＵには、早産で生まれた赤ちゃん、生まれつき病気の赤ちゃん、出産で調子が悪くなった赤ちゃんがやってきます。赤ちゃんはお母さんのお腹の中にだいたい40週間、２８０日います。いつ生まれてきてもいいよとなるのが、37週。22週以前の赤ちゃんがなんらかの理由で亡くなってしまった場合は流産といいます。早産というのは、22週から37週のあいだに生まれることをいいます」

資料や写真をプロジェクターに映しながら話を進めます。

「低出生体重児はとてももろいんです。出産が終わると、医師や看護師はまず、72時間を生きられるかどうかが最初の山ですと親御さんたちに伝えます。この72時間、医師や看護師は赤ちゃんに対して治療を行ったりできますが、出産後のお母さんやお父さんは、自分の子どもに何もしてやれないんです。ただ祈ることしかできない。どうか明日生きていてほしい、成長する姿を見せてほしいと、全力で祈る親御さんを見ていると、命があるというのは、ものすごく奇跡的なことの積み重ねなんだなと実感します。私もＮＩＣＵで働いて初めてわかりました」

さきほどまでグラウンドで無邪気に寝転がっていた生徒たちもしーんと静まりかえり、真剣なまなざしで立川さんの話に聞き入ります。何かが生徒たちに響いているのがこちらまで伝わってきます。

「危険な時期を乗り切って、すごく喜ぶご両親の表情を見られたりする一方で、亡くなってしまう赤ちゃんも、すごくたくさんいます」

立川さんの声が一瞬震える。

「ＮＩＣＵは、大きな喜びと大きな悲しみの両極端が交錯する場所です」

ＮＩＣＵを退院しても、後遺症への対応など、なんらかの医療的なケアを必要とする場合があります。次に映し出された小学生の体にはチューブがつながれていました。気管切開もしているため、首には布が巻かれています。でも、めちゃめちゃ明るいのだそうです。

「病院の中ではこういう状態がいわばスタンダードなんですね。でもこの子たちがやっと生命の危機を脱して、家族で大喜びで町中に出ると、とたんに奇異的なまなざしを向けられるんです。決して悪い目ではないんだけど、じろじろ見られるのが悲しいというお父さんがいました。目が悪くて眼鏡をかけているひとはこの教室にもいっぱいいますけど、奇異な目で見られることはありませんよね。眼鏡が社会に広く受け入れられているからです。でも、眼鏡が車椅子になったとき、眼鏡が気管切開になったとき、眼鏡が鼻のチューブになったときには、つい見てしまうんですよね」

ここからいよいよ本題に入っていきます。

「病気は障害なんでしょうか？　私はそうは思いません。障害って、本人やその家族が、社会のなかで生きづらさを感じることだと思います」

医療的なケアを受けながら暮らすことが眼鏡をかけるのと同じくらいに当たり前のこととして社会に浸透したら、生きづらさを感じるひとは減るんじゃないかと立川さんは訴えます。

「もし仮に、助けを必要とするひとを障害者と定義するのなら、私たちだって日常的に大なり小なり誰かの助けを得て生きているわけで、世の中全員障害者ですよね。お互いの違いを認め合って生きていくのが共生なんだと思います」

続いて立川さんは、娘がダウン症で生まれてきたという事実をなかなか受け入れられなかった父親の話を紹介しました。そしてその父親が新聞に投稿した記事のコピーを生徒たちに配って読ませます。

「自分の心にあった障害者に対する差別心があぶり出され、人としての器の小ささを思い知らされた」「娘を受け入れるということは自分を、家族を受け入れるということになるということ」と、正直に自分と向き合う文章です。

「私たちの想像力にも限界があります。障害者に対する理解も、このお父さんのように、徐々に徐々に培われていくものだと私は思います。このような授業を通して、他人の尊厳とか、他者との共生とか、言葉としては理解できると思いますが、そこに実感が伴うには時間がかかります。私にだって確固たる信念があるわけでもない。みなさんがこれから大人になっていくなかで、いろいろなひとと出会って、それぞれのひととのかかわり方をその都度見つけていってほしいなと思います」

おわりに

本書で紹介したような男子校、あるいはそれに似たような女子校では、心理的安全が確保され、居場所があり、お互いに一目を置いている、理想に近い学習環境が実現しています。異性の集団がいないという点を除けば。

異性の集団がいないことで生じるネガティブな側面にはなんらかの手当てがあったほうがいい。実際にはどんなことがなされているのか？　そんな疑問から、男女別学校の性教育やジェンダー教育に焦点を当ててみようと思ったのが、本書執筆のきっかけでした。企画の段階で、数の少ない男子校に絞ったほうがより視点がはっきりするのではないかと編集の黒田剛史さんからアドバイスを受け、そうしてみました。

それが良かったのかもしれません。男子校という特異点から性やジェンダーの問題を眺めてみたら、社会全体のゆがみを根本から治すヒントが見つかりました。瓢簞《ひょうたん》から駒みたいな話であって、最初からそれを狙っていたわけではありません。

いまどき子どもがこんなにのびのびと無邪気でいられる場所なんてほかにあるだろうかというくらい、ゆるい空気が男子校には漂っています。良くも悪くも彼らは他人の目を気にしていません。他人の目を気にしないということは、社会化が遅れているということです。社会化が遅れているということは、社会常識がないということです。でも、一刻も早く即戦力なグローバル人材になれと要請する社会の圧力から、束の間だけでも彼らを守ってあげてもいいのではないか。私はそんなふうに思います。

やがて彼らは競争社会に出て行きます。競争のルールは、暗黙のうちに異性愛白人男性によって決められています（191ページ参照）。あたかも地球ができたときからそのルールがあったかのように。その競争に勝ち続けたところでせいぜい、〝いい家〟に住めたり、〝いい車〟に乗れたり、〝いい女（あえての表現です）〟を連れて歩けたり、するだけです。

そんな現実に虚しさを覚えたとき、ひとは自分が無邪気だったころの原風景に戻っていくのではないでしょうか。そのひとつが母校だったら、素敵だと思います。

2024年5月　おおたとしまさ

参考文献

〈書籍〉

『男女共学制の史的研究』（橋本紀子、大月書店、1992年）
『男の子は泣かない』（スー・アスキュー、キャロル・ロス、堀内かおる〔訳〕、金子書房、1997年）
『フェミニズムのパラドックス』（江原由美子、勁草書房、2000年）
『男性のジェンダー形成』（多賀太、東洋館出版社、2001年）
『埼玉県立浦和第一女子高等学校　共学化問題の記録』（埼玉県立浦和第一女子高等学校PTA、2003年）
『ジェンダーと教育』（生田久美子〔編〕、東北大学出版会、2005年）
『ジェンダーで考える教育の現在』（木村涼子〔編著〕、古久保さくら〔編著〕、解放出版社、2008年）
『男の絆』（前川直哉、筑摩書房、2011年）
『男女共学・別学を問いなおす』（生田久美子〔編著〕、東洋館出版社、2011年）
『ジェンダーから教育を考える』（友野清文、丸善プラネット、2013年）
『男子の権力』（片田孫朝日、京都大学学術出版会、2014年）

『男子の性教育』（村瀬幸浩、大修館書店、２０１４年）
『ジェンダー・トラブル』（ジュディス・バトラー、竹村和子〔訳〕、青土社、２０１８年）
『男らしさの終焉』（グレイソン・ペリー、小磯洋光〔訳〕フィルムアート社、２０１９年）
『ＬＧＢＴとハラスメント』（神谷悠一、松岡宗嗣、集英社、２０２０年）
『恋愛で一番大切な〝性〟のはなし』（村瀬幸浩、ＫＡＤＯＫＡＷＡ、２０２０年）
『愛と差別と友情とＬＧＢＴＱ＋』（北丸雄二、人々舎、２０２１年）
『思春期のわが子と話したい性のこと』（直井亜紀、新星出版社、２０２１年）
『差別は思いやりでは解決しない』（神谷悠一、集英社、２０２２年）
『射精道』（今井伸、光文社、２０２２年）
『ぼくたちが知っておきたい生理のこと』（高尾美穂、博多大吉、辰巳出版、２０２２年）
『改訂版　東大合格高校盛衰史』（小林哲夫、光文社、２０２３年）
『自分を生きるための〈性〉のこと：ＳＲＨＲ編』（今井伸、高橋幸子、少年写真新聞社、２０２３年）
『10代のための性の世界の歩き方』（櫻井裕子、時事通信社、２０２３年）
『トランスジェンダー入門』（周司あきら、高井ゆと里、集英社、２０２３年）
『東京都高校受験案内』（声の教育社、２０２４年）

〈雑誌〉

「社会学評論」39巻3号１９８８年「『性（ジェンダー）と教育』研究の現代的課題」（天野正子）

参考文献

「教育学雑誌」第32号1998年「旧制大学における女性受講者の受容とその展開」（冨士原雅弘）
「教育心理学研究」第46巻第3号1998年「高校生のジェンダーをめぐる意識」（伊藤裕子）
「日本福祉大学社会福祉論集」第108号2003年2月「ドイツにおける男女共学の問題点と『反省的男女共学』」（池谷壽夫）
「教育学研究」第72巻第2号2005年6月「教育における『男性』研究の視点と課題」（多賀太）
「児童心理」2008年3月号「男の子問題」
「GEMC journal」№1 2009年3月「男女共学・男女別学をめぐる議論の課題と展望」（尾崎博美）
「女子栄養大学紀要」Vol.41 2010年「高校生のジェンダー平等意識と将来観に関する調査研究」（茂木輝順、橋本紀子、杉田真衣、艮香織）
「教育とジェンダー」2013年3月「大学生を対象とした出身高等学校の共学・別学体験に関する質問紙調査」（茂木輝順）
「教育とジェンダー」2013年3月「男女共学制が戦後の日本人のジェンダー平等意識に与えた影響に関する調査研究」（橋本紀子、茂木輝順、井上惠美子、森岡真梨、艮香織）
「早稲田大学 教育・総合科学学術院教育会 学術研究（人文科学・社会科学編）」第62号2014年3月「都立高等学校における男女別入学定員の変遷」（小野寺みさき）
「学術の動向」2017年11月号「男子の学力低下問題をめぐって」（伊藤公雄）
「群馬大学教育学部紀要 芸術・技術・体育・生活科学編」第52巻2017年「男子高校で実施され

ている性教育の実際と課題」（黒岩初美、青柳千春、時田詠子、田村恭子、丸山幸恵、松田惇司、佐光恵子、高橋珠実、新井淑弘）

「NWEC実践研究／国立女性教育会館編」第10号2020年2月「女性校長はなぜ少ないのか、少ないことはなぜ問題か」（飯島絵理）

「経済教育」39号2020年9月「ジェンダー差に着目した高校生の行動経済学的特性に関する一考察」（塙枝里子）

「2020年度『東京大学におけるダイバーシティに関する意識と実態調査』報告書」2022年1月（東京大学におけるダイバーシティに関する意識と実態調査分析タスクフォース）

「文藝春秋」2024年3月号「『性』は選ぶものではない」（長谷川眞理子）

〈独自アンケート回答に協力くださった学校（50音順）〉

浅野（神奈川）／麻布（東京）／足立学園（東京）／栄光学園（神奈川）／海城（東京）／開成（東京）／鎌倉学園（神奈川）／関西（岡山）／京華（東京）／甲陽学院（兵庫）／駒場東邦（東京）／修道（広島）／巣鴨（東京）／逗子開成（神奈川）／聖光学院（神奈川）／世田谷学園（東京）／高輪（東京）／東海（愛知）／東京都市大学付属（東京）／東大寺学園（奈良）／桐朋（東京）／藤嶺藤沢（神奈川）／獨協（東京）／灘（兵庫）／日本大学豊山（東京）／東山（京都）／広島学院（広島）／藤沢翔陵（神奈川）／武相（神奈川）／本郷（東京）／武蔵（東京）／明治大学付属中野（東京）／ラ・サール学園（鹿児島）

おおたとしまさ　Ota Toshimasa
教育ジャーナリスト。1973年東京生まれ。リクルートで雑誌編集に携わり、2005年に独立。数々の育児・教育誌の編集に係わり、現在は教育に関する現場取材および執筆活動を精力的に行っている。テレビ・ラジオなどへの出演や講演も多数。中高の教員免許をもち、私立小学校での教員経験もある。『ルポ名門校』『学校に染まるな！』『ルポ塾歴社会』『勇者たちの中学受験』など、著書は80冊以上。

中公新書ラクレ 817

男子校《だんしこう》の性教育《せいきょういく》2.0

2024年６月10日発行

著者……おおたとしまさ

発行者……安部順一
発行所……中央公論新社
〒100-8152 東京都千代田区大手町 1-7-1
電話……販売 03-5299-1730　編集 03-5299-1870
URL https://www.chuko.co.jp/

本文印刷…三晃印刷　カバー印刷…大熊整美堂　製本…小泉製本

Published by CHUOKORON-SHINSHA, INC.
Printed in Japan ISBN978-4-12-150817-1 C1237